改革之「道」

KAIFAQU GUANLI TIZHI
SHICHANGHUA
GAIGE LUJING TANXI

开发区管理体制市场化改革路径探析

邓子纲 —— 著

湖南人民出版社·长沙

图书在版编目（CIP）数据

改革之"道"：开发区管理体制市场化改革路径探析 / 邓子纲著. --

长沙：湖南人民出版社, 2025. 7. ISBN 978-7-5561-3868-5

Ⅰ. F127.64

中国国家版本馆CIP数据核字第20253AH093号

GAIGE ZHI "DAO" ——KAIFAQU GUANLI TIZHI SHICHANGHUA GAIGE
                      LUJING TANXI

改革之"道"——开发区管理体制市场化改革路径探析

著　　者	邓子纲
责任编辑	吴韫丽　黄梦帆
装帧设计	杨发凯　宋　娟
责任印制	虢　剑
责任校对	张命乔

出版发行	湖南人民出版社［http://www.hnppp.com］
地　　址	长沙市营盘东路3号
邮　　编	410005
经　　销	湖南省新华书店

印　　刷	长沙艺铖印刷包装有限公司
版　　次	2025年7月第1版
印　　次	2025年7月第1次印刷
开　　本	710 mm × 1000 mm　1/16
印　　张	14.25
字　　数	177千字
书　　号	ISBN 978-7-5561-3868-5
定　　价	78.00元

营销电话：0731-82221529　　（如发现印装质量问题，请与出版社调换）

目 录
CONTENTS

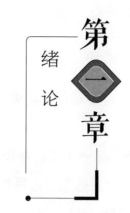

第一章

绪论

一、选题背景和重要意义

（一）选题背景

党的二十大报告明确指出，要全面深化改革，推动中国式现代化建设。党的二十届三中全会进一步强调，要加快构建全国统一大市场，深化要素市场化改革，建设高标准市场化体系。改革开放以来，我国地方开发区自1984年成立至今已经走过了40余年。在40余年的时间里，地方开发区经历了从无到有、从弱到强的发展历程，为推动地区经济的快速发展起到了重要作用。地方开发区的建立，有效地促进了地区经济持续增强，提高了地方土地资源的利用效率，使地方产业集聚效果明显增强，推动了高新科技产业不断发展，产业生产和管理效率得到明显提升。但是，随着经济增长要素红利的逐渐消失，经济快速增长的必要条件不复存在，开始转向高质量发展阶段，以中国式现代化为驱动力的新型经济社会发展模式要求通过创新驱动我国的新质生产力发展，但管理体制和机制对地区开发区科技创新的抑制作用日益凸显，以至于各开发区出现产业结构不合理、产业升级效率低下、运营成本较高、创新能力不足等问题。[①]

目前，推动地方开发区管理体制市场化改革是社会经济发展的重要

---

① 刘黎.高新技术开发区产业集聚与技术创新能力研究[D].华中科技大学,2012.

趋势，因此迫切需要梳理新时代背景下开发区管理体制市场化改革的理论基础和作用影响机制，迫切需要研究国内外地方开发区发展的成果经验和案例，迫切需要分析我国开发区管理体制的演变、现状及存在的主要问题，迫切需要对现有的地方开发区管理体制进行市场化改革，以适应新时代改革开放的新的发展需求，为地方开发区注入创新活力，优化产业结构、提升管理效能、保障要素供应、降低运营成本，行稳致远地发展开发区新质生产力，助力中国式现代化建设目标的实现，推动社会经济高质量发展。

（二）选题意义

1.理论意义

通过梳理和分析国内外关于地方开发区管理体制市场化改革的材料和文献，明确我国新时代背景下地方开发区管理体制市场化改革的目标，研究和监测新时代背景下地方开发区管理体制市场化改革的最新动态和发展趋势，分析和探究地方开发区管理体制市场化改革过程中的主体矛盾、存在的客观问题以及解决方案，有助于丰富我国地方开发区管理体制市场化改革的创新理论成果，完善地方开发区高质量发展目标体系和开发区管理体制相关理论。立足我国地方开发区管理体制市场化改革发展的具体情况，吸收世界各地区开发区发展的理论成果和经验，实现"文献整理—理论机理—研究问题—分析讨论—改革发展"的理论耦合目标，为促进我国地方开发区可持续发展和现代化改革建设提供有益的理论借鉴。

2.实践意义

通过研究我国开发区发展历程、管理体制的演变、管理体制的现状、管理体制目前存在的主要问题，以及借鉴国内外开发区管理体制市场化改革的相关经验与启示，加强国内外管理体制改革的情况动态跟踪，时刻把握世界管理体制市场化改革的前沿领域，结合湖南省的具体情况，寻求地方开发区管理体制市场化改革的途径和措施，围绕现实情况和主要问题，制定相关规划和提供保障，为地方开发区管理体制市场化改革提出相应的对策和建议。支持湖南省地方开发区管理体制市场化改革，助力地方开发区高质量发展目标的实现。

二、国内外文献综述

关于地方开发区管理体制市场化改革的研究，国内外已有一些相对成熟的研究基础，主要集中在以下几个方面。

（一）国内研究综述

关于地方开发区管理体制市场化改革的研究，国内已有丰富的研究成果。我国开发区建设起步相对较晚，但是具有发展速度快、建设数量多、覆盖种类多等特点，随着开发区在国内的逐步推行和扩展，特别是改革开放后，地方开发区已逐渐成为推动地区经济发展和产业科技进步的重要平台。目前，关于地方开发区管理体制市场化改革的研究主要集中在以下几个方面。

1.关于开发区管理体制市场化改革的内涵和特点方面的研究

学者们普遍认为，改革开放后，我国积极探索设立开发区，由国家和省级政府部门批准设立工业园区，通过吸引外部资金、先进技术、管理经验、专业人才等生产要素，缓解了长期存在的管理部门臃肿、审批手续繁杂等体制性制约问题。地方开发区享受国家优惠政策，有利于促进地方经济发展，减少地方就业压力，给地方经济社会整体发展带来较好的影响。[1]有学者对我国的开发区进行了一系列划分，按开发区体系将其分为国家级开发区和省级开发区。从开发区功能定位来划分，国家级开发区包括经济技术开发区、高新技术产业开发区、海关特殊监管区、边境经济合作区和其他类型开发区；省级开发区主要为经济开发区与工业园区。后来，社会经济的持续发展对开发区的功能提出了更高的需求，为了适应发展需求，开发区逐步形成了具有新兴功能的国家级新区、国家自主创新示范区、自由贸易试验区等。国家和地方政府给予开发区相应的配套政策以及经济区划，地方开发区则不断支持区域经济发展与园区企业自主创新，为经济社会培育高技术产业，并且创造良好的营商环境，吸引国际投资和地区间贸易活动。学者们认为，面对日益活跃的市场化行为，以及因市场化趋势导致的政府失灵问题，为了让政府决策更加科学有效，政府应该将一部分经济职能向社会和市场转移，对地方开发区管理体制进行市场化改革，在公共服务领域引入市场竞争机制，通过优化地方开发区的市场价格机制、供求机制和竞争机制，提升地方开发区资源配置效率，使产品和服务的社会流通更加顺畅，使地方开发区服务社会经济的水平得到全面提升。[2]

2.关于开发区管理体制形成及演变方面的研究

有学者认为，由于长期受计划经济的影响，我国的地方开发区管理体制通常以"管理"为主，改革开放后，国家系统地推进了市场化改

---

① 杨泽东,刘丽鹃.我国开发区发展历程、趋势及"十五五"发展方向的研究[J].中国科技产业,2024(08):67-69.

② 李浩.开发区管委会体制"市场化"改革研究——基于政府再造的视角[D].中共中央党校,2021.

革，加快了政府职能的转变，厘清了政府对地方开发区的职能范围，为经济和社会发展提供了制度驱动力。国务院审批在我国大连、天津、上海等14个沿海城市设立第一批地方产业园区。凭借靠海的交通便利优势，不断引进优质外资和先进技术，配合减免关税、减少税收、优惠土地使用条件等政策支持，开发区逐步提升自身管理水平，为随后的体制创新打下了基础。1992年邓小平南方谈话后，我国提出要进一步加强改革开放对地方开发区的作用，在地方开发区发展阶段，以吸引外资、技术为主，利用出口创汇，大力发展园区工业、制造业，优化地方产业园区的产业结构，引入先进的市场化管理经验，以园区工业化发展为导向，为中国构建现代化工业体系奠定基础。2001年，在中国加入世界贸易组织（WTO）后，开发区体制改革进入了关键阶段，为了有效防止地方开发区之间恶意竞争和资源浪费，提升园区生产效率，增强市场竞争力，我国推出了一系列旨在提升地方开发区管理治理水平的政策，使地方开发区的建设与管理逐渐实现制度化和规范化。[①] 2008年全球金融危机对地方开发区市场化改革提出了新的要求，为了全面释放地方开发区在提升科技、经济、教育、文化等多方面的市场竞争力，开发区需要由原来的数量规模化发展方式转变为提质增效化发展方式，升级改造园区内传统产业，不断强化支柱产业，鼓励高新技术企业和未来产业在园区内聚集，形成园区科技创新优势和创新聚集效应，对地方开发区的管理体制市场化改革也逐渐向科技化、生态化、经济化方向转变，增强了地方开发区管理体制的有效性和市场化运作的灵活性。有学者认为，推动地方开发区管理体制市场化改革旨在繁荣区域经济、提升生产力发展

---

①蒙昕,程跃.国家级经济技术开发区绿色制造建设成效影响因素研究[J].科技创业月刊,2023,36(02):1-9.

水平、实现社会经济增长，地方开发区管理体制也应与时俱进，面向市场经济体制，进行系统的市场化改革，不断向服务型转型升级。目前，我国地方性开发区市场化管理体制类型已逐渐由政府主导型向企业主导型、政企混合型以及"法定机构"型转变，通过打造有限、有为、有效的地方开发区市场化管理机构，促进开发区内企业内生发展动力的迸发，推动社会经济持续向好发展。在改善地方开发区管理机制问题上，有学者认为，要通过不断优化地方开发区审批办事流程，构建开发区政策、决策咨询制度来转变落后的管理方式、提高开发区管理服务质量，全方位提升地方开发区管理水平，促进开发区管理和服务效率的升级。[①]

3.关于开发区市场管理体制存在的主要问题的研究

有学者认为，目前地方性开发区管理体制市场化改革的关键问题在于开发区市场化程度不足，部分地方开发区依然严重依赖政府部门的引导和支持，缺乏市场经济体制下现代化开发区应有的市场化运作灵活性，在开发区管理体制、招商引资、科技支持、减税降费等方面的依赖性尤为突出，由于地方开发区管理体制市场化程度不足，因此开发区在与区内的企业进行磨合的过程中出现众多不匹配、不一致等问题，这将严重影响地方开发区服务社会经济的水平与质量，抑制地方开发区市场竞争力的可持续发展。另外，有学者认为，地方性开发区管理体制市场化改革问题也集中在管理组织方面。[②]目前，我国的地方性开发区管理体制层级种类繁多、分类复杂，信息和材料在开发区上下级传递过程中速度缓慢，部门沟通和协同性不足，导致开发区在审批、运营、组织等过程中效率和市场化反应速度低下，甚至存在信息失真和材料丢失的风

---

①王祎.开发区绩效管理研究——以S省X经济开发区为例[D].太原理工大学,2022.
②杨玉杰.我国开发区管理体制类型及其比较[J].商业时代,2010(09):105-106.

险。如果问题出现后，政策回馈不及时，不但会令开发区内的企业丧失发展良机，而且还会导致开发区内部管理成本激增。还有学者认为，地方性开发区管理体制市场化改革问题，还体现在地方性开发区内管理权限模糊不清。目前，地方性开发区市场化管理部门之间权力有重叠，无法有效分配、协调各个部门的职责任务，进而影响到各个部门之间的信息传递与有效沟通，将会造成极大的管理资源浪费。还有学者认为，在我国开发区的发展过程中，产业协同不足的问题逐渐显现，影响了开发区整体的资源整合能力和竞争优势。开发区内部的各类产业往往未能形成紧密的联系，产业链条的上下游衔接不够充分，导致资源共享和产业协同效应无法得到有效发挥。由于缺乏一体化的产业协同机制，开发区内的企业在生产、研发和市场开拓上较为分散，难以形成相互支持的生态环境，这不仅增加了企业的运营成本，还影响了开发区的整体创新力和竞争力。在实际运作中，开发区在产业链条的建设上也存在断层，缺乏对产业链条的深入研究和系统布局，导致许多企业难以在开发区内找到配套企业。尤其是在一些高端制造业和技术密集型行业，企业常常需要依赖外部市场来获取关键资源和服务，缺乏有效的区内产业配套，这种分散的资源布局使得开发区难以形成规模效应，也削弱了开发区吸引高端产业和创新企业的能力。对于中小企业而言，由于缺少上下游配套支持，其生产效率和资源利用率较低，难以在开发区内实现快速成长。有学者认为，在一些开发区的管理体制中，人员编制过多、岗位设置不合理的问题较为突出，形成了明显的人员冗余现象。[①]这种人力资源配置不合理的状况，不仅浪费了开发区的财政资源，也降低了整体管理效

---

① 何莹.以管理体制机制创新促进开发区高质量发展[J].江南论坛,2022(10):75-77.

率，影响了开发区的形象和服务质量。由于部分开发区在设置岗位和分配人力时缺乏精细化管理，很多部门的人数配置远超实际需求，造成人力资源闲置，部分员工因工作量不足而无所事事，工作积极性随之降低，难以形成有效的工作动力。这样的工作环境导致员工的工作热情不足，部分员工甚至出现"等靠要"心理，导致整体工作效率下滑。人员冗余问题还直接增加了开发区的财政负担。多余的编制和岗位需要维持日常运营、发放薪酬等，这些费用形成了开发区的高额人力成本。在预算有限的情况下，过多的行政成本投入削弱了开发区在招商引资、产业升级等方面的资金支持力度，使得有限的财政资源无法得到高效配置。由于人员编制庞大，管理成本也相应上升，行政效率受到影响，使得开发区在提升管理质量和优化服务时面临资金和人力的双重约束，难以适应市场化要求。[①]

4.关于地方开发区管理体制市场化改革措施的研究

有学者认为，需要提升政府的服务水平，在开发区管理体制市场化改革的背景下，提升政府服务水平是推动开发区高质量发展的重要举措。通过构建"管委会+公司"的新型管理模式，政府应逐步实现角色转变，从直接干预市场转向以政策引导和监管为主，注入市场化运作的新路径，创新管理机制，完善服务体系，激发市场活力。加强政府的监管职能是维护市场秩序和推动高质量发展的关键。通过优化政府角色，推动政府从直接干预向政策引导的转变，可以有效提升市场活力。在新型管理模式下，分工协作的体制让政府能够更好地履行政策引导和市场监管的职能，通过完善制度建设，规范市场规则，为市场主体提供透明和

---

① 杨玉杰.我国开发区管理体制类型及其比较[J].商业时代,2010(09):105-106.

可预期的经营环境，确保公平竞争，防止垄断和不正当竞争的滋生，激发市场活力，最终为区域经济的持续增长奠定坚实的基础。还有学者认为，应推动企业创新力发展。目前，开发区管理体制市场化改革的核心在于构建"管委会+公司"的新型市场化管理体制，以提高区域经济活力和竞争力。通过这种模式，管委会主要承担政策引导和资源整合职能，公司则负责具体的开发、建设和运营，从而实现行政管理和市场机制的有效融合，全面激发创新驱动和产业升级的内生动力。为了推动创新驱动与产业升级，开发区应重点完善创新支持体系，通过多元化政策和市场化激励机制，为企业的研发和创新提供有力保障。开发区应制定税收优惠政策和制订贷款贴息计划，激励企业加大研发投入，特别是在高市场潜力的技术研发和产品创新领域。这些政策将引导创新资源聚焦在关键领域，使创新产品和技术能够更快进入市场，从而加速技术成果的市场化应用。[①]此外，还要建立完善的知识产权保护与交易机制，确保创新成果在有效保护下实现市场化转化，提升创新技术的商业应用率，进而增强开发区的整体创新实力。还有学者认为，需要加强金融支持，推动开发区的创新与产业升级，必须依托健全的市场化管理体制，尤其是在"管委会+公司"的新型模式下，资金支持是企业发展的核心动力。公司主体在这种市场化管理体制下得以进一步发挥融资功能，通过有效整合内外部金融资源，为企业提供多元化的资金支持，助力企业在快速成长和技术创新的关键阶段获得持续发展的动力。开发区应积极引导金融机构与企业需求对接，通过设立政府引导基金，吸引更多金融资本向创新型企业和中小企业倾斜。以债券、股权投资等多样化的投融资方式为企业提供长期稳定的资金支持，为企业研发、生产和市场推广提供充足的

---

① 胡冰云.智慧城市视角下智慧园区建设规划关键领域研究[J].数码世界,2019(11):3.

资金保障，显著增强企业的创新能力和市场竞争力。公司主体应利用市场化管理体制下的优势，优化金融产品，拓展融资渠道，确保资金顺畅流动，以支持企业的持续创新和高效发展。这种健全的金融支持体系将促进金融资本与科技创新的深度融合，提升区域整体经济活力，为开发区的经济可持续发展注入强劲动力。

（二）国外研究综述

关于开发区管理的研究，国外也有相对丰富的成果。随着全球经济一体化进程的加速和国际贸易规则的逐步完善，国外园区的大规模改革进入了一个新的阶段。各国开始根据自身经济发展战略和国际贸易环境的变化，对园区进行更加深入和全面的改革。这些改革包括优化园区产业结构、提升园区创新能力、加强园区国际合作等方面，旨在提高园区的综合竞争力和可持续发展能力。国外关于开发区管理的研究主要集中在以下几个方面：

1.关于园区管理发展趋势方面的研究

第一，国外的园区越来越注重科技创新，通过研发新技术和提升产业链水平，推动园区向高端化、智能化和绿色化方向发展。这意味着企业不仅要在产品和服务上进行创新，还要在生产流程和管理模式上引入智能化技术，以提升整体竞争力。新加坡纬壹科技城通过采用多种数字技术和建立协同创新机制，在全球科技领域占据重要地位。而西班牙毕尔巴鄂工业区则通过引入多元文化、优化产业布局和注重公共空间的建设，有效促进了区域经济发展和城市文化振兴。第二，国外的园区越来越注重国际合作。园区通过加强与国际组织的合作与交流，吸引跨国公司和外资机构入驻，形成开放的经济生态。这种合作不仅能够带来资金和技术的输入，还能促进经验的分享，提升园区的国际影响力和创新能力。[①]例如柬埔寨在"一带一路"倡议下的重要项目——西哈努克港经济特区，其通过产业链招商转型，引入龙头企业，形成了上下游联动的产业格局。同时，借助海外企业的入驻，推动进出口贸易显著增长，提升了当地居民的生活水平。第三，国外的园区越来越注重可持续发展。可持续性日益成为园区发展的核心。强调环境保护和生态建设，推动经济、社会与环境的协调发展，意味着园区在发展过程中需要考虑资源的合理利用和生态系统的保护，从而实现长期的健康发展。基于环境库兹涅茨曲线理论，外国园区倾向于从资源密集型向环境友好型转变，推动减排和环境改善。同时，遵循循环经济原则，通过"减量化、再利用、资源化"提升资源利用率，形成经济与环境的良性互动。例如丹麦卡伦堡生态工业园区和日本北九州生态工业园区通过产业共生、资源高效利用，创造了经济与环境双赢的可能性。第四，国外的园区越来越注重法治化建设。不断完善园区内的法律法规体系，保障企业和个人的合法权益，是推动园区健康发展的重要基础。通过建立透明和公正的法律框架，提升企业的信任感和安全感，进而吸引更多的投资和人才。尼日利亚莱基自贸区通过全面税收减免和外汇自由政策，吸引投资并提升运营效率，促进了园区的经济多元化。新加坡裕廊工业区则通过政府主导与市场化运作相结合，提供一站式服务，优化管理，提高了投资吸引力，形成了完整的产业体系。两者都展示了灵活的治理模式和有效的法治建设对经济发展的重要性。[②]

---

① 冯媛.我国产业园区数字化转型现状、问题及发展路径研究[J].中国商论,2023(01):151-153.

② 沈敏婕,张岩.创新政策对产业结构转型升级的影响效应研究——基于国家自主创新示范区的实证分析[J].科技创业月刊,2024,37(09):84-93.

2.关于外国园区发展的成功经验的研究

德国柏林的RAW-Gelände原为德国铁路公司的大型工厂，随着城市产业结构的调整和铁路技术的更新换代，该工厂逐渐沦为废弃之地。RAW-Gelände的改革团队采取了保留与改造并重的策略，通过现代设计手法对原有的工业建筑和部分设备进行了翻新和装饰，使其既保留了历史痕迹，又符合现代审美和功能需求。同时，为了吸引不同类型的创意人才和企业入驻，RAW-Gelände引入了多元化的业态布局。园区内不仅有艺术工作室、画廊和展览馆，还有创业孵化器、时尚店铺、餐饮娱乐场所等配套设施。这种多元化的业态布局不仅满足了不同人群的需求，还促进了园区内创意产业的交流与融合。另外，RAW-Gelände注重公共空间的打造，为市民和游客提供了丰富的文化活动和休闲场所。园区内设有露天广场、艺术装置和互动体验区等，定期举办音乐会、艺术展览、市集等文化活动，吸引了大量人流和关注。经过一系列的文化创意改革措施，RAW-Gelände从一个废弃的工业遗址转变为一个充满活力和创造力的文化园区。它不仅为柏林市的文化创意产业注入了新的活力，也提升了城市的国际知名度和影响力。RAW-Gelände通过合理的规划和创新的思维，使得工业遗产获得了新生，成为推动城市文化发展的重要力量。丹麦卡伦堡生态工业园区，位于西兰岛卡伦堡市的丹麦生态工业园区，距离哥本哈根市约100公里。该园区以发电站、炼油厂、药品制造厂及石膏板生产厂为主要企业支柱。企业间通过商业交易，相互转化生产过程中产生的废弃物或副产品，形成了紧密相连的产业共生体系，使得园区内实现了资源的循环再利用及能源的多级化管理。[①]卡伦堡生态工业园区已经成为全球可持续发展的典范，它不仅收获了显著的经济

---

① 罗小龙,杨凌凡,唐蜜. 新发展格局下城际合作共建园区的发展与制度创新[J]. 城市学刊. 2024, 45 (03): 1-7.

和环境效益，还为全球可持续发展提供了珍贵的实践案例。企业间有着紧密的合作与资源共享。园区内有电厂、炼油厂、制药厂及石膏板厂等多样化企业。在生产环节中，这些企业会产生各类副产品和废弃物，依托产业共生模式，它们将这些原本可能成为负担的物质转换成了具有价值的资源。企业之间形成了错综复杂且效率极高的资源互享体系。譬如，电厂排放的蒸汽被输送往炼油厂和制药厂，以满足它们在生产过程中的能源需求；炼油厂产生的过剩燃气被传输至电厂和石膏板厂作为燃料。此类资源互享，不仅减少了企业对区外能源的依赖，还降低了企业的生产成本。同时，园区内各企业的副产品均得到了最大限度的再利用。例如，制药厂排出的有机污泥在处理后，被作为肥料提供给邻近的农场使用。此举不仅减少了废弃物的排放，还降低了生产成本。日本北九州生态工业园区坐落于北九州若松区响滩，濒临日本海，园区的形成得益于围海造田工程。作为日本政府批准的首个生态工业园区，该园区与邻近的北九州学术研究区紧密协作，全面推动环境领域的教育、基础研究、技术与实证研究，以及环保产业的振兴战略，为九州地区的环境治理和生态文明建设作出了重要贡献。该园区由两大核心区域和四大区块组成。核心区域之一是综合环境联合体和研究实验区，此区域专注于推动生态环保与循环经济产业的蓬勃发展。政府、企业及学术界的深入合作，为园区内的循环经济企业提供坚实的技术支持，共同促进可持续发展。核心区域之二是再生资源加工区，细分为汽车再生领域和新技术研发领域。该园区的特色在于政府的引导与公众的参与相结合、产学研的融合、信息的透明度以及其在国际上的显著效益。[①]政府、企业与市民之间通过积极的沟通，就潜在风险进行双向交流，旨

---

① 陈艳.经济开发区产业集群的问题与对策[J].企业改革与管理,2011(6):15-18.

在增进相互理解并减少风险。同时，通过相关独立法人研修协作机构的技术输出，北九州在国际上赢得了广泛的认可。在社会效益方面，园区周边的居民生活环境也得到了显著改善。此外，该园区在国际上树立了良好的形象，成为其他国家效仿的典范。①

三、技术路线与研究方法

本研究的基本思路遵循科学研究的标准范式：提出问题→理论分析→实证检验→结论与展望。第一，在提出问题部分，通过对我国地方开发区管理体制市场化改革的相关研究进行评述，以及对我国公共服务、政府再造、行政组织等理论发展现状进行梳理和分析，总结现有关于开发区管理体制市场化改革研究成果的优点和不足，为后续的理论分析和实证检验奠定基础。第二，在理论分析部分，以管理体制理论、产业协调理论和公共服务理论、政府再造理论、行政组织理论等为基础，分析我国开发区管理体制市场化改革现状和存在的问题，以及开发区管理体制市场化改革发展趋势、发展历程与演变，找出影响开发区管理体制市场化改革发展的瓶颈问题，为开展案例分析提供理论支撑。第三，在实证检验部分，通过收集和整理统计国内外关于开发区管理体制等调查数据，研究西班牙毕尔巴鄂工业区、西哈努克港经济特区、丹麦卡伦堡生态工业园区、日本北九州生态工业园区、RAW-Gelände等国外产业园区的管理经验，分析对比国内外在开发区管理体制方面的优缺点，为开发区管理体制市场化改革提出改进建议打下基础。第四，在结论与展望部分，以理论分析和案例研究为

① 马渝贵.经济开发区对产业结构升级的影响——基于倾向得分匹配-双重差分法（PSM-DID）的研究[D].上海财经大学,2022.

基础，结合国内外地方开发区管理体制市场化改革的经验，提出湖南省地方开发区管理体制市场化改革的目标、原则、措施、保障，为未来湖南地方开发区管理体制市场化改革提出建议。

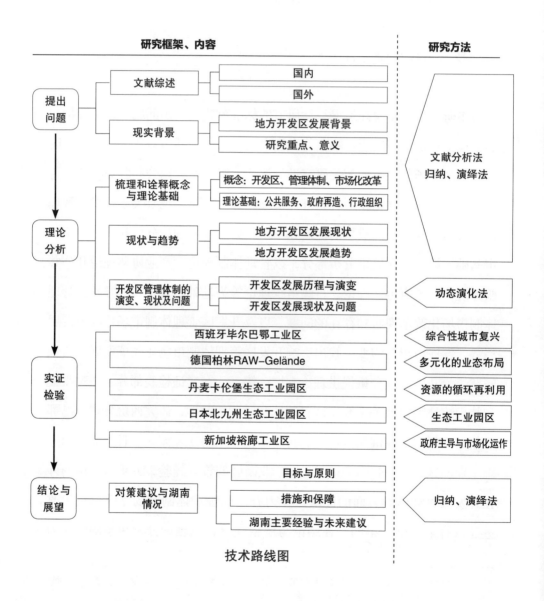

技术路线图

四、创新之处

以往的研究较多侧重于开发区管理体制的结构、改革目标等某个主题的单独研究，研究更多关注的是开发区管理政策对开发区发展的单向影响。本研究则从管理体制理论、产业协调理论和公共服务理论、政府再造理论、行政组织理论等视角全面梳理和分析我国开发区管理体制市场化改革现状和存在的问题，全景展现现代开发区发展实践背后的利益分配机制和内在机理，系统研究开发区管理体制市场化改革发展趋势、发展历程与演变，找出影响开发区管理体制市场化改革发展的瓶颈问题，结合研究西班牙毕尔巴鄂工业区、西哈努克港经济特区、丹麦卡伦堡生态工业园区、日本北九州生态工业园区、RAW-Gelände等国外产业园区管理经验，分析对比国内与国外开发区管理体制方面的优缺点，从而为湖南省地方开发区管理体制市场化改革提出目标、原则、措施和提供保障。本研究采用的理论结合案例的研究和多目标研究开发区管理体制市场化改革方式具有一定的创新性。

第二章

核心概念与理论基础

一、核心概念

（一）开发区

狭义的开发区是国务院在具有发展潜力的城市规划区内批准设立的经济技术开发区、高新技术产业开发区、海关特殊监管区、边境（跨境）经济合作区等经济功能区和省、自治区、直辖市人民政府批准设立的经济开发区与工业园区（产业园区）。广义的开发区则是国家与省级人民政府批准设立的，由各级政府设立专门机构实施管理的，实行国家特定优惠政策的，具有发展产业与经济目标功能的特定区域。20世纪80年代，为了实施改革开放国策，我国决定探索设立开发区，通过吸引外部资金、先进技术、管理经验和专业人才等生产要素，缓解长期存在的管理部门繁冗、审批手续繁杂等体制制约问题，促进区域社会经济发展。[①]

根据开发区的行政级别性质，我国开发区体系分为国家级开发区和省级开发区。从功能定位来区分，国家级开发区包括经济技术开发区、高新技术产业开发区、海关特殊监管区、边境（跨境）经济合作区和其他类型开发区五大类，省级开发区则主要分为经济开发区与工业园区（产业园区）。地方开发区是指与国家级开发区相对应的省级开发区。我国开发区建设与发展不断推进，取得了令人瞩目的系列成果。根据国

---

① 刘潇.开发区政策的企业技术创新效应研究[D].上海财经大学,2022.

务院发布的《中国开发区审核公告目录》（2018年版），我国开发区总数为2543家，其中国家级开发区552家、省级开发区1991家。其中包括国家级经济技术开发区219家、高新技术产业开发区156家、海关特殊监管区135家、边境（跨境）经济合作区19家、其他类型开发区23家。

1984年，国务院批准在沿海对外开放城市设立首批14家国家级经济技术开发区，开创了中国改革开放的新局面。由此，我国开发区建设在"对内改革、对外开放"中不断摸索前行，历经探索起步阶段（1984—1991年）、高速发展阶段（1992—2003年）、创新增效阶段（2004—2013年）和改革提质阶段（2014年至今）。当前，随着社会经济的不断发展与持续改革创新，涌现了一批与开发区性质类似的新兴功能区，如国家级新区、国家自主创新示范区、自由贸易试验区等，它们均拥有国家及地区相应的配套政策和行政、经济区划，是我国支持区域经济发展与自主创新、培育高技术产业、创优营商环境、吸引国际投资和贸易活动等的重要战略举措。

（二）管理体制

学术界对"管理"一词的研究由来已久。被誉为"管理过程之父"的法约尔认为，管理是由计划、组织、指挥、协调及控制等职能要素组成的活动过程。他强调，管理过程是系统性的，各项职能相互关联、相互配合，以共同实现组织目标，这一观点奠定了管理职能理论的基础。"科学管理之父"泰勒则认为，管理的首要步骤在于建立目标，再运用科学且艺术的方式，通过他人的努力来实现目标。同时，他主张通过工作流程标准化、工作定额、差别计件工资制等科学方法来提高生产效率，将管理从经验层面提升到了科学层面。国外其他学者对管理的内涵也提出了很多见解，如"管理就是决策""管理就是设计并保持一种良好环境，使人在群体里高效率地完成既定目标的过程""管理是一种实践""管理就是通过其他人来完成工作"等观点，他们从不同维度对管理理论进行了丰富与拓展，但从现代管理学的上述定义可知，管理是涉及组织的目标、工作、人际关系、效率等一系列因素的系统总和，管理是为了高效率、协调地完成组织目标的过程。[①]

然而，"管理"的概念并非完全从西方引入中国，早在先秦时期，《礼记》中便有"治国平天下"的论述，后有法家、儒家、道家、墨家、兵家等各学派对治国理政管理思想的百家争鸣，这些都先于西方且影响了西方。我国古代的学者虽然没有系统地提出"管理"的概念，也没有从农业、手工业、商业等方面专门进行学理性的管理研究，更多的是从政治层面来阐述国家制度与伦理关系，但仍然给我们留下了宝贵的管理思想财富。改革开放以来，我国引入西方先进经济管理理论，国内政界、学者结合中国传统管理思想与现代化实践，对管理的内涵进行了丰富的中国化拓展，为我国的社会主义建设提供了有益的服务。[②]

"体制"则是一个中国本土的概念，古代通常用于指代文学与艺术作品的体裁和风格。在当代，体制涉及政治、经济、文化等众多领域，是这些领域的状态与存在形式。在政治领域，政治体制是政权组织形式、国家机关、企事业单位等的机构设置、隶属关系和权力划分等方面的体系和制度的总称。在经济领域，经济体制包含资源所有与分配制、资源配置方式和经济运行机制等，主要分为计划经济体制与市场经济体

---

① 刘潇.开发区政策的企业技术创新效应研究[D].上海财经大学,2022.
② 邓杨素.新常态下国家级园区管理体制改革创新研究——以广西为例[J].学术论坛,2015,38(06):76-81.

制。计划经济体制以政府指令性计划为核心，政府直接决定生产什么、生产多少和如何分配。市场经济体制则强调市场在资源配置中起决定性作用，利用需求机制、价格机制、供求机制和竞争机制等相互作用来调节经济的运行。在文化领域，文化体制涵盖文化管理机构的组织形式、文化政策的制定与实施机制，以及文化产业的运营模式等。从组织学角度看，体制也用于描述一个组织内部的主体、结构和运行规则，包括组织的层级关系、部门设置、决策流程及目标实施过程等。

综上，管理体制涉及政治、经济和文化等多重维度，是由行为主体、组织、制度、机制等共同组成的，为了实现某个目标或多维度目标的有机管理系统。行为主体是管理者与被管理者，组织是管理活动与过程的承载体，制度是管理的运行规则与约束，机制是组织目标与管理活动的具体实施方式。

（三）市场化

在20世纪80年代的西方新公共管理运动中，市场化的概念广泛进入了人们的视野。这场运动围绕解决政府失灵问题展开，主张"有效"政府的重构，席卷了发达国家与众多发展中国家的公共部门。其重要特征是，在政府提供的传统公共服务领域引入市场竞争机制，并通过企业经营管理，达到提高政府的管理能力和公共服务水平的目的。西方国家推行的政府职能市场化要求重新审视政府的社会经济职能，通过市场化手段，将政府承担的一些社会经济职能向社会和市场转移，从而实现更精简、更高效的治理。①

---

① 刘潇.开发区政策的企业技术创新效应研究[D].上海财经大学,2022.

然而，市场化并不意味着"完全私有化"，而是在一定程度上简化政府职能，减少国家对经济的干预，同时需要在公共行政机构与私营机构之间建立良好的"合作"关系。因此，市场化是在公共服务供应中引入市场机制，以市场需求为导向，以实现资源的适当和合理分配以及效率的最大化。其本质是政府与市场的有机结合，由政府行政权力和职能决定公共服务的数量和质量，通过市场交易体系提高公共服务的效率，从而更好地实现政府和市场的相对功能优势。市场化对政府和市场职能进行了重新定义，使政府能够从繁冗的公共服务中逐步释放沉重的"包袱"，减少服务成本，使政府的决策机制更加科学，并能够提供更有效的公共服务。

从市场化深层内在机理来分析其概念，一是优化资源配置机制，市场化要求资源配置方式从计划指令或其他非市场主导方式向以市场机制为核心转变。市场机制主要包括价格机制、供求机制和竞争机制。在市场化环境下，价格由市场供求关系决定，价格变动引导资源在不同领域进行选择性生产和不同部门之间流动，竞争则有利于技术进步、产品与服务更加丰富以及交易效率提升。二是厘清政府与市场的关系，更加精确地明晰政府对市场经济领域的管理范围，即"何为"。通过"简政放权"，缩减成本、增加效益，为人民与社会提供更好的产品与服务，即"为何"。三是提升经济主体的自主性，企业能够根据市场信号自由地做出研发、生产、销售等决策，消费者能够按照自己的意愿选择商品或服务，投资者则能根据风险和收益进行合理的规划、决策等。四是促进市场体系的完整，市场化要求有完整成熟的市场体系，包括要素市场和商品市场。要素市场主要包括金融市场、劳动力市场、土地市场等，商品市场则是要素生产后的产品与服务进行交易的场所，这些均是经济活动的前提保障。五是相关制度的变迁与完善，市场化标志着经济、社会等制度向有利于市场交易的方向转变。其中，主要包括产权制度的明晰与法律制度的健全，通过明确市场主体的财产所有权、使用权和处置权，使市场交易更加公平与有序，相关法律制度的完善能保障市场交易双方的合法权益。同时，政府进行政策制定应该保障市场的公平竞争，实行有效的行政干预。[①]

（四）地方开发区管理体制的构成

开发区管理体制的由来应追溯到1979年我国第一个工业园——深圳蛇口工业园与1984年第一个国家级经济技术开发区——大连经济技术开发区的建立，它们均是我国实行改革开放、大力发展经济的前沿探索，体现了"摸着石头过河"的改革与创新精神。深圳蛇口工业园创始之初，实行"以工业为主，积极引进，内外联合，综合发展"的方针，通过积极引进内外资，大力发展工业、商业、房地产业、旅游业和运输业等产业，树立"精简、高效"的管理理念，建立党、政、企分开的领导方法，干部任用实行民主选举和聘任制，工人招聘则实行社会公开招考和合同用工制，给予工业园在公共治安、财政税收、工商管理、物资进出口、劳动用工、电信管理等方面较为独立的自主权，同时采用经济功能区和行政区划合署办公的"区政合一"管理模式。大连国家级经济技术开发区建立伊始，凭借东北地区雄厚的工业基础与国家政策支持，实行"引进先进技术、设备和科学管理经验相结合，外引和内联相结合"的"两个结合"方针，大力发展新兴产业，开发新技术与新产品，积极

---

① 杨儒浦,李丽平.产业园区减污降碳协同增效的内涵与实现路径[J].环境保护,2024,52(07):24-27.

发展外向型经济。开发区主张为国内外投资者提供良好的营商环境，且依法保护其合法权益。在管理机制创新方面，开发区不断优化审批办事流程，建立政策、决策咨询制度来转变传统管理方式、提高管理服务质量，并注重打造高素质行政管理服务队伍。[①]

这两个开发区在开发区管理体制建设方面，遵循了市场化改革的基本路线，为我国后续各级开发区的设立与管理提供了宝贵的先行经验。

1.地方开发区管理体制的要素

从理论层面来看，我国地方开发区管理体制包括参与管理过程的各类主体、管理组织、管理制度及相关管理机制。

一是参与管理与被管理的各类主体。我国地方开发区由省、自治区、直辖市人民政府批准设立，并由地方各级人民政府或派出机构在职责范围内对其实行经济社会管理。具体而言，开发区管理主体主要分为：代表人民政府对开发区进行统一领导与管理的管委会，即"准政府"机构；由当地政府进行直接管理的"政区合一"型的政府机构，如浦东新区、天津滨海新区、苏州高新区与虎丘区合并等；由开发公司作为独立法人对开发区进行全权管理的运营公司，实行自主经营、自负盈亏，如上海漕河泾新兴技术开发区等；由管委会和运营公司共同组成的管理体系，管委会主要负责行政审批，而运营公司负责开发区招商引资、日常管理等运营工作；各级管理机构的行政人员；入驻开发区的各类公司及其负责人；开发区内公共服务的提供者；等等。

二是管理组织。地方开发区的管理组织主要包括省市各级政府、管委会、开发公司等。

---

① 周海云,任聪敏.基于产业园区的市域产教联合体建设：目标、逻辑与路径[J].职业技术教育,2024,45(19):48-52.

三是管理制度与机制。地方开发区的管理制度包含土地利用与管理制度、基础设施管理制度、产业规划制度、企业准入与监管制度、财税管理制度等多个重要方面。如严格遵循国家法律法规和土地政策，依据开发区的总体战略目标和功能定位，科学地对土地资源进行统筹安排，通过公开招标、拍卖、挂牌等方式实行土地出让，并对开发区内土地的使用进行合理监管；在基础设施项目立项阶段，进行详细的可行性研究和环境影响评价，在建设过程中严格执行工程招投标制度，选择具备相应资质和经验的施工单位和监理单位，并构建基础设施定期巡检制度与应急抢修机制；以宏观产业政策为导向、以开发区自身区域优势和资源禀赋为依据，进行详细的产业调研和可行性分析，设计开发区的产业发展蓝图；从产业类型、环境影响、投资规模、技术水平等多个维度考量，设置科学的企业准入门槛；对开发区内企业部署全方位监督体系，主要包括环保监管、安全生产监管、市场行为监管方面；为符合开发区重点产业发展方向、新兴科技创新领域或其他支持鼓励条件的企业制定税收减免优惠政策；对财政资金的分配和使用进行科学规范，严格执行预算管理制度，并且建立资金绩效评价体系模式。

2.地方开发区管理体制的模式

现阶段，可将地方开发区管理体制细分为政府主导型、企业主导型、政企混合型和法定机构型四类模式。

一是政府主导型模式。该类管理体制通过当地人民政府派出内设组织管理或直接管理开发区，即管委会模式和"区政合一"模式。当前，我国大部分地方开发区采用的是管委会管理模式。管委会不属于一级人民政府，而是由地方政府派出，主要行使对开发区的经济管理职能。在管委会的设置过程中，需依据具体事务，由上级或自主设置各职能部门，并接受地方主管部门的指导。在管委会机构运行方面，开发区通常采用管委会和党工委合作办公的方式。在管委会职能行使方面，其主要职能是综合管理土地开发利用、产业布局规划、招商引资等工作，全面管理开发区内居民、企业、经济组织和社会组织。[①]同时，我国一些地方开发区也采用了"区政合一"的管理体制，即将开发区与行政区的管理职能合二为一，其内设机构同行政区管理机构基本保持一致。开发区与行政区合并后，不同的政策和职能得到整合，发展空间也相应扩大。资金、人才和土地等资源要素可以充分流通，在基础设施、公共服务等方面可以最大限度地实现共享与互补。

二是企业主导型模式。该类管理体制通过依托具有独立法人资格的开发公司对开发区的经济活动进行运营管理，给予其一定的行政职能，接受当地政府监督并对当地政府负责。开发公司参与开发区的创办，对开发区进行投资与经营，同时是开发区的经济受益者和风险承担者，实行自主经营、自负盈亏制度。具体来看，开发公司在政府的战略指导下，对开发区的土地开发、基础设施建设、筹资和居民企业进行运营和全面管理。园区内的其他传统行政事务，如组织人员、财税和工商管理等，仍由相关政府职能部门管理。这种模式更加遵循市场在资源配置中起决定性作用的科学规律，即更加市场化，有利于更大限度地结合投资者、经营者和管理者们各自的优势，打造集中化和专业化的开发区管理工作体系，提高园区的整体运营效率和经济效益。然而，由于企业不具备政府机构的职能，在外部协调和内部管理方面存在一定的困难，因此其促进开发区扩张的力量也相对较弱。

三是政企混合型模式。该类管理体制同时具备政府主导型模式与企业主导型模式的结构和功能特征，即在开发区内实行管委会与开发公

①　陈科霖.开发区治理中的"政企统合"模式研究[J].甘肃行政学院学报,2015(04):42-54.

司同时管理的制度。政企混合型模式重新整合了两种体制，兼具政府行政审批管理和企业工商运作的优势。具体来看，该体制存在着政企合一型和政企分离型两种形式。一是政企合一型，在其管理体制下，开发公司是设置于管理委员会之下的，接受管理委员会的领导与管理，管理委员会既要行使行政职能又要主管开发工作，直接管理开发公司；二是政企分离型，在其管理体制下，开发公司与管委会的工作职能进行有效分离，即开发公司负责园区的经济开发活动管理，管理委员会对开发公司进行行政服务，而不是对开发公司的经营进行直接干预，经营权与行政权分离，有利于调动企业开展工商经济活动的积极性。

四是法定机构型模式。"法定机构"是依据特定法律、法规或地方性行政法规设立，依法承担公共事务管理职能或服务职能，不属于行政机关，且具有独立法人地位的公共机构。其设立旨在增强政府在开发区管理中运作的灵活性，完成在当前体制内难以执行的任务和实现更多商业性质的服务。简而言之，建立"法定机构"便于政府更好开展对开发区的公共服务，同时解决"市场失灵"问题，形成一套服务型且具效率的开发区管理体制。

2011年1月，我国第一个开发区"法定机构"——深圳前海深港现代服务业合作区管理局成立，其性质为非营利、企业化管理、履行相应行政管理和公共服务职责的法定机构，负责前海合作区的开发建设、运营管理等工作。2015年至2017年，青岛蓝色硅谷核心区管理局、上海陆家嘴金融城发展局有限公司、广州南沙新区产业园区开发建设管理局等"法定机构"相继成立试运行。当前，越来越多的开发区开始借鉴其经验，进行试点。[1]

---

[1] 杨玉杰.我国开发区管理体制类型及其比较[J].商业时代,2010(09):105-106.

（五）地方开发区管理体制的特征

纵观我国开发区的设立历史与管理体制，开发区有着推进改革开放的历史使命，其管理体制遵循政府主导、企业开发向市场化改革创新的发展脉络。在不同的发展阶段，地方开发区管理体制体现了不同的发展理念、指导思想，管理机构设置与管理实施机制也在与时俱进，具有不同的特征。

一是始终实行"小政府、大社会"的管理方式。1988年，海南建省办经济特区后，率先进行"小政府、大社会"行政体制改革，实行党政分开、政企分开、精简高效、法制健全、下放权力等重大举措，为我国行政体制改革与经济管理工作提供了科学的思路。在现阶段，地方开发区的管理仍然运用"小政府、大社会"的方式，实行政企分离原则，改革创新管理体制，开发区管理机构不直接干预园区企业的生产经营活动，尊重企业的自主经营权，为企业的健康发展提供有效的法律、制度保障，同时积极引进第三方服务组织，建设便利的基础设施，营造良好的营商环境。

二是转型升级为服务型管理体制。长期以来，受计划经济体制的影响，我国的管理体制以"管理"为主，改革开放以后，我国进行了市场化改革，不断厘清政府的职能范围，努力建设服务型政府，简政放权，为经济发展提供了制度驱动力。地方开发区的建立旨在繁荣区域经济，探索生产力发展、经济增长的科学规律，其管理体制也应与时俱进，向服务型转型升级。当前，我国的地方性开发区管理体制类型由政府主导型逐渐向企业主导型、政企混合型以及法定机构型演变，有利于打造一个有限、有为、有效的地方开发区管理机构，也促进了开发区内企业内生发展动力的迸发，为开发区的繁荣提供便利的行政审批服务、科学的产业规划服务、便捷的企业准入门槛及优惠的税收减免政策等全方位服务。

三是不断创新高效运行机制。在横向创新与发展方面，开发区在对以往僵化的行政管理体制进行灵活化、市场化转变过程中，探索出了一系列与自身发展现状相匹配的、具有区域特色的运行机制。通过将多年的实践经验与先进的管理科学相结合，总结出符合开发区发展目标的重要因素，如资源禀赋、产业布局、新兴技术、招商引资、体制机制等，同时将各类关键因素进行统筹配置，最终实现产业发达、营收可观、人才济济、环境优越、有序发展的美好愿景。

二、相关理论

（一）新公共管理理论

20世纪70年代，英国率先发起了新公共管理运动，后蔓延至美国等众多发达国家和发展中国家，被称为"新公共管理""企业型政府""后官僚制典范"等。新公共管理理论的提出主要源于以下背景：第一，经济社会的不断发展刺激了民众对提升生活质量的需求，及物质与精神需求的多元化、多样化；第二，能源危机、人口老龄化、政府公共支出骤增与财政压力；第三，各国家之间的利益发生变化与调整，传统国家行政制度已不能满足发展的需求；第四，经济全球化和信息化时代的冲击。

新公共管理理论的内涵包括六个层面：第一，政府职能从"划桨"转变为"指导"，实行政策制定和实施分离、管理与具体执行分离；第二，政府部门采用企业管理方式，如目标管理、绩效考核、成本核算等；第三，坚持客户与市场导向改革，将政府视为企业家，将民众视为客户，政府依据民众的需求精准提供公共服务，并不断提高服务效率；第四，引入公共服务竞争机制，在政府公共服务中允许企业的参与，以保障服务质量，提高服务效率；第五，政府应注重公共服务的生产力与质量，并强调效率与效益，在政府内部实施公共服务人员绩效考核与项目效益评估；第六，简政放权，既对政府的机构进行精简，提高政府的反应灵敏度，又对提供公共服务的组织进行授权，并进行有效监督。

（二）新公共服务理论

丹·哈特对这一理论进行了深入研究并提出了新的见解。在20世纪70年代至80年代，西方国家经历了信息技术革命，资本主义发展进入了一个相对稳定的黄金时期。但同时，政府在制度运作和组织结构上所面临的挑战和矛盾也在增加，这要求政府在行政管理上必须有新的应对策略和更高的执行标准。因此，更新和重塑政府职能成为各国亟待解决的问题。新公共服务理论在此基础上被提出，重新定位了政府的职能，强调了提高政府的管理效率。[①]

第一，政府的角色应转变为服务提供者而非权力持有者。政府官员不应仅仅追求权力，而应专注于服务公众，实现公共利益。对于经济开发区，这意味着要将服务经济的发展作为主要任务，提供热情的服务而非命令式的指导。第二，政府应以公民为中心，而非只将他们视为顾客。政府应关注所有公民的利益和需求，并基于公平和正义的原则提供服务。经济开发区应将企业视为公民的一部分，通过改进服务机制和优化商业环境，为企业提供高质量的服务，以解决企业的问题并促进其发

---

① Denhardt, Robert B., et al. *Public Organizational Behavior*. Translated by Zhao Lijiang, Renmin University of China Press, 2007.

展。第三，新公共服务理论认为，公民身份和公共服务的价值应高于创业精神。政府官员应被视为公共资源的管理者、公共组织的监督者和公民服务者，而不仅仅是权力的指导者或民主对话的促进者。因此，政府官员与私营企业家在目标追求和行为模式上存在本质区别。他们更注重如何使公共利益最大化，而非单纯追求生产效率和利润最大化。

在开发区管理体制改革的过程中，关键在于领导团队的建设。选拔和培养高素质、负责任、有能力的领导是关键，尤其是经济开发区的党工委书记或管委会主任。此外，明确领导团队的职责，充分发挥其在开发区产业规划与布局、提升核心竞争力、维持企业间健康市场秩序等方面的作用。

（三）政府再造理论

奥斯本提出的政府再造理论涵盖了再造原则、再造工具和再造战略三个方面。1992年，奥斯本和盖布勒通过研究美国政府的创新模式，提出了以企业家精神重构政府的理念，并阐述了企业家型政府的基本特征和改革的十大原则，即政府再造的"十原则"：一是政府应作为"催化剂"，扮演引导而非执行的角色；二是政府应将决策权下放给社区，实行授权而非直接服务；三是政府应引入竞争机制，提升服务效率；四是政府应承担起责任，打破传统的组织行为模式；五是政府应注重成效，而非仅仅依赖资金；六是政府应以顾客需求为导向，而非官僚体系的需求；七是政府应追求效益最大化，避免资源浪费；八是政府应注重预防，而非仅仅解决问题；九是政府应实行分权，鼓励参与和协作；十是政府应利用市场机制，推动变革。[1]在总结美国、英国、加拿大、新西

---

① Osborne, David, and Ted Gaebler. *Reinventing Government: How the Entrepreneurial Spirit Is Transforming the Public Sector*. Addison-Wesley, 1992.

兰和澳大利亚等国政府的改革经验的基础上，奥斯本和普拉斯特里克于1997年进一步提出了重塑公共组织的五大战略：核心战略、顾客战略、结果战略、文化战略和控制战略。2000年，他们合著了《政府改革手册：战略与工具》，详细介绍了实施这五大战略所面临的挑战以及所需的技能和工具。

（四）行政组织理论

在20世纪初期，德国社会学家韦伯首次阐述了行政组织理论。他把行政组织看作严格规范和机械化的社会结构，要求成员职责清晰、技能娴熟，并严格遵守规章制度，完全服从上级的指令。[①]该理论强调了组织内部管理体系的系统性和完整性，以达到更高的管理效率。对于经济开发区的人才招聘、评估和组织结构，该理论提供了重要的指导。

第一，该理论强调了组织成员职责划分的重要性。美国经济学家和政治学家赫伯特·西蒙同样强调了机构需要有清晰的目标，并依靠合理的劳动分工来达成这些目标。每个职位都应有明确的职权和责任，员工也应具备足够的专业技能来履行其职责。在将这一理论应用于开发区的管理调整时，重点在于组织架构的搭建和人才的配备。[②]首先，根据业务需求和"高效、节约、稳定"的准则，合理规划和设立内部机构，构建开发区的基本框架。其次，确保每个部门都由具备相应专业知识的人员组成，以确保他们能够有效履行职责，并协同工作。

第二，提倡规范的人员招聘流程，要求通过正式的教育和考核来选拔

---

① Weber, Max. *The Protestant Ethic and the Spirit of Capitalism*. Translated by Talcott Parsons, Routledge, 1930.
② 赫伯特·西蒙. 管理行为 [M]. 詹正茂译.机械工业出版社, 1947.

人才，并在管理上实施人员委任制。所有员工都应享有固定的薪酬福利，并有规范的晋升机会，但同时也要接受严格的考核。对于经济开发区而言，这意味着需要提高招聘标准，通过签合同和试用期考核等方式，确保招聘到具备专业能力和素质的人才。同时，还需要通过教育和培训提升员工的专业水平，并建立与薪酬、晋升和激励相挂钩的绩效考核体系。

第三，韦伯的理论提出建立一个自上而下的严密的等级指挥系统。在这个系统中，所有职位和职务都按照等级制度设立，每个层级都必须接受上级的指导和监督。经济开发区的组织架构应分为领导层、分管领导、部门负责人和普通员工四个层级，每个层级都受到上一层级的指挥和监督，形成一个严密的组织体系。为了确保组织架构的有效运作，需要制定全面的规章制度，以确保责任的落实和职能的发挥。[①]

通过这些措施，开发区的管理体制可以更加科学、规范，从而提高管理效率和组织效能。

（五）府际关系理论

政府间关系，亦称府际关系，涉及国家各级行政机关在不同层面的复杂联系，以及区域间的政府互动。莱特对美国联邦制下的政府关系进行了总结，提炼出五个特点：广泛性、动态变化、人际互动、公务员角色提升和政策影响扩大。在中国，除了这些特点，府际关系还展现出执行性、适应性、创新性和协商性，与处理好央地关系相联系。

谢庆奎将府际关系分为四类：中央与地方、地方之间、政府部门之间以及跨区域政府间的关系。改革开放以来，中央向地方分权，包括倾

---

① 谢庆奎. 论政府执行力的提升——以昆明的公共治理为例[J]. 新视野，2011，(06): 48-53.

斜分权、纵向分权和经济分权，尽管有效，但也带来了如地方间恶性竞争、地方保护主义和政治权力下放滞后等问题。地方政府的层级和控制范围需优化以提高执行效率。

中国政府部门之间的关系经过调整，形成了复杂的结构，包括上级对下级的业务指导、垂直领导以及国有企业和事业单位的管理。为改善这些关系，需要增强规范性、减少垂直管理、加强业务指导，并赋予下级政府更多权力。对于跨区域政府间关系，即相邻市、县、乡的非隶属关系，应奉行协商和合作的宗旨进行处理。林尚立提出政府间关系包括权力、财政和公共行政三重关系。谢庆奎对此进行补充，提出还应包括利益关系，包含"利他"和"自利"动机，这是三重关系的基础。

本研究关注地方经济开发区，分析开发区管委会与同级区委、区政府、区直各职能部门以及开发区规划范围内乡镇政府之间的关系，旨在通过优化管理体制，包括职能设置、权限分配和协调机制，提高管理效率。

第三章

我国开发区管理体制的演变、现状及存在的主要问题

我国开发区管理体制在经济发展战略的推动下经历了不断的演变，形成了独特的体制机制。开发区在其发展历程中承载了外资引进、产业升级、技术创新等多项功能，体现了区域经济和政策导向的变化。开发区从初始阶段的单一功能区逐步转变为综合性发展平台。开发区管理体制不断适应经济环境变化并引入市场机制，逐渐实现规范化与多样化管理。本部分通过梳理我国开发区的发展轨迹、管理体制的调整路径及现阶段的运行状况，揭示其中的关键性问题，以期为后续的体制优化和发展提供参考。

一、开发区发展历程

我国开发区的发展历程可分为初始发展、高速发展、稳定发展、升级发展四个阶段。每个阶段在政策支持、发展模式和功能定位上均呈现出独有的特征和变化，反映了国家经济战略的调整和区域发展的需求。这些阶段的划分不仅体现了开发区在规模扩张和产业升级方面的演变轨迹，也展示了其在推动国家经济增长、促进对外开放、引领科技创新和实现区域协调发展中起到的重要作用。对开发区各阶段发展特征的分析，可以帮助我们深入理解开发区在不同历史时期所承担的使命和发挥的功能，为未来的发展提供有益的借鉴。

（一）初始发展阶段：1984—1991年

1984年，中国正式拉开了开发区建设的序幕，这是改革开放进程中的重要举措。国务院批准在大连、天津、上海等14个沿海城市设立首批国家级经济技术开发区。[①]这些开发区的设立，旨在通过引入外资和先进技术，推动工业化进程，促进经济的现代化，形成对外开放的示范区域和引擎。这一时期，开发区大多位于沿海地区，尤其是东南沿海城市，这些地区凭借其优越的地理位置为中国经济的发展提供了有力的支持。设立开发区的主要目的是在体制上大胆试点，吸引外资、技术和管理经验的同时，探索市场化的管理机制，为全国的经济体制改革积累经验。

在这一时期，开发区的发展虽然获得了政策上的支持，但其基础设施建设相对薄弱，交通、通信等条件尚未完备。由于当时的财政资金有限，开发区的基础建设资金大部分来自地方财政，而地方政府也在努力通过政策吸引外资企业来弥补资金缺口。因此，这一阶段开发区的发展主要依赖地方政府对外资企业的积极招商引资。在招商引资的过程中，开发区普遍采取了以优惠政策吸引外资的方式，例如降低税率、减免关税、提供优惠的土地使用条件等，积极营造开放的投资环境。同时，政府还通过简化审批程序、设立外资办事机构等方式为外资企业提供便利，这些举措逐渐增强了外商对中国市场的信心。

尽管当时外资企业对中国市场的了解有限，对投资持观望态度，但随着少数企业的入驻，逐渐形成了外商投资的"示范效应"，带动了更多外资流入中国。开发区以其独特的区位和政策优势吸引了首批外资企业的入驻，开发区也成为外资企业进行技术引进和技术转移的试验田。

---

① 杨泽东,刘丽鹏.我国开发区发展历程、趋势及"十五五"发展方向的研究[J].中国科技产业,2024(08):67-69.

这些外资企业带来了先进的生产技术和管理理念，在推动开发区乃至所在地区的产业升级中发挥了重要作用。同时，开发区通过学习和吸收外资企业的管理经验，逐步提升自身的管理水平，为后续的体制创新和发展积累了宝贵的实践经验。

这一阶段的开发区建设虽然在发展速度上较为缓慢，但其在改革开放中的基础性作用不可忽视。开发区作为经济改革的试点区域，通过制度创新和政策优惠，成功吸引了外资和技术输入，为后来的开发区管理体制完善和全国范围的改革提供了实践依据。

（二）高速发展阶段：1992—2002年

1992年，邓小平南方谈话释放出进一步深化改革、扩大开放的强烈信号，为开发区的快速发展奠定了坚实的政策基础。在这一背景下，国家全面推动开发区的扩展，大批开发区迅速在沿海及内陆城市成立，开发区数量实现了显著增长，规模显著扩大[1]。上海浦东新区作为这一时期的标志性区域，通过高度集中的政策资源配置和优惠条件，成为带动全国开发区发展的重要范例。开发区的发展从沿海地区向内陆省会及沿江、沿边地区延伸，形成全国范围内的开发区网络，开发区数量得到了显著增长，面积及经济规模显著扩大。这种布局调整不仅优化了区域经济格局，还增强了不同区域之间的经济联系和资源共享。

在此阶段，开发区确立了"三为主"的发展方针，即以利用外资为主、以发展工业为主、以出口创汇为主，明确了开发区在产业结构、对外开放和经济效益方面的重点目标。通过这一发展方针，开发区在吸引

---

[1] 杨泽东,刘丽鹍.我国开发区发展历程、趋势及"十五五"发展方向的研究[J].中国科技产业,2024(08):67-69.

外资和推动工业化方面取得了显著成效。政府为吸引外资企业入驻开发区提供了多种优惠政策，如税收减免、金融扶持、用地优惠等，使得大量外资迅速涌入开发区。开发区成为外资进入中国市场的首选之地，在全球资本、技术和管理经验的引入方面发挥了重要作用。同时，开发区以工业化为导向，推动传统产业转型升级，大力发展制造业、加工业及新兴工业，为中国的工业体系奠定了坚实的基础。

出口创汇成为这一时期开发区的重要任务。通过吸引外资企业在开发区设厂，生产高附加值产品并出口到国际市场，开发区不仅拉动了中国的外贸增长，还逐步融入全球产业链。开发区通过招商引资和产业政策引导，重点扶持高新技术产业，推动了电子信息、生物医药、精密制造等高新技术领域的快速发展。在此过程中，开发区逐步成为吸引全球高新技术企业的集聚地，高新技术产业的迅猛发展极大地提升了开发区的竞争力，并为其他地区发挥了技术溢出效应。

开发区在吸引外资、技术和人才方面的优势日益凸显，成为推动国家经济增长的重要引擎。外资企业带来的先进技术和管理理念不仅加快了开发区的现代化步伐，也培养了一批高素质的技术人才和管理人才。开发区通过提供优惠的政策环境和高效的行政服务，逐渐成为各类创新型企业和高端人才的聚集地，为推动区域经济的全面升级注入了活力。随着经济的快速发展，开发区内的基础设施、服务体系、配套设施也逐步完善，为经济活动的高效运转提供了重要支持。

这一阶段的高速发展为开发区奠定了扎实的经济基础，使其逐步成长为中国对外开放的窗口和区域经济发展的核心力量。开发区不仅在国家整体经济布局中占据重要地位，还通过制度创新和政策激励成为吸引外资、技术和人才的高地，为中国经济的腾飞提供了有力支撑。

（三）稳定发展阶段：2003—2008年

2001年，中国正式加入世界贸易组织（WTO），推动了经济的进一步国际化。在这一背景下，开发区的发展进入了规范化和制度化的关键阶段。为了有效管理和引导开发区在数量上的迅速增长和规模上的迅速扩张，国家开始采取清理整顿的措施，旨在对开发区进行更加系统的管理。通过规范审批流程和优化运作方式，国家进一步提升了开发区的治理水平，从源头上防范了资源浪费和区域间的恶性竞争，确保开发区的发展方向与国家整体经济战略保持一致。

在这一阶段，国家更加注重开发区的科学规划和合理布局，开发区的管理和建设逐渐向制度化、规范化迈进。开发区在选址、产业规划和基础设施建设上更加符合区域经济发展的客观需求，通过政策引导和资源配置，开发区的建设规模更趋合理，功能定位更加精细化。地方政府开始将开发区的布局规划与区域经济结构调整紧密结合，力求将资源和资本配置到更具潜力和附加值的领域。在这一过程中，开发区逐渐形成了科学的发展导向和产业定位，开始积极培育区域内的支柱产业，为当地经济和就业带来了长期的稳定效益。

产业结构的优化和环境保护也在这一阶段被提到重要位置。随着全球对可持续发展和环境保护的关注增加，中国开发区在推动经济增长的同时，也开始加大对高附加值和高科技含量项目的引入力度。开发区不再仅以规模扩张和数量增长为主要目标，而是更加注重质量和内涵式发展[①]。各地开发区在招商引资过程中对项目的选择标准更加严格，以提升项目的技术含量和附加值。在一些重要的产业领域，开发区引进了大

---

① 王凯伟,喻修远,刘孝贤.国家级经开区管理体制的演变历程、发展瓶颈与完善路径[J].湘潭大学学报(哲学社会科学版),2020,44(4):61-66.

量具有核心技术的项目，例如信息技术、生物医药和新能源等领域的高科技企业。这种选择不仅提高了开发区的整体竞争力，还促进了本土企业的创新和技术进步，带动了区域内高新技术产业的快速发展。

与此同时，开发区开始在发展中融入生态环境保护的理念，实行更加严格的环保标准，推动产业链的绿色转型。在项目选择和审批过程中，各地开发区在考虑经济效益的同时也将环保因素纳入决策范畴，积极探索资源节约型和环境友好型的发展路径。这种模式不仅提高了开发区内企业的环保意识，也为开发区实现长期、可持续发展打下了基础。

这一阶段的稳定发展使得开发区的管理水平和发展质量进一步提高。开发区在吸引外资和技术的同时，也开始注重项目质量和环境保护，走向更具可持续性的经济模式。开发区逐步从追求外资数量转向提升外资质量，积极引入技术密集型和资本密集型项目，进一步推动了产业升级和技术创新。通过科学的制度设计和规范化管理，开发区在促进区域经济发展的同时，也为国家的整体经济结构优化和转型升级提供了重要支撑。这一阶段的稳定发展确立了开发区在中国经济发展格局中的关键地位，为未来的转型升级打下了坚实的基础。

（四）升级发展阶段：2009年至今

在2008年全球金融危机和国内经济结构转型的双重背景下，中国开发区的发展步入了转型升级的新阶段。这一时期，开发区的发展方向逐渐从追求数量扩张转向注重质量提升，更加关注内涵式发展，以创新驱动、绿色发展和国际合作为主要目标，力求在全球经济环境中保持持续竞争力。国家不断增加国家级开发区的数量，并赋予其更广泛的职能，使其在经济、科技、生态、教育等多个领域发挥关键作用。开发区逐步成为区域经济增长的重要引擎，不再局限于传统的招商引资模式，而是将自身打造成经济转型升级和区域创新发展的核心平台。

在此阶段，开发区紧抓技术创新这一发展引擎，鼓励先进制造业和高新技术产业的集聚。开发区通过政策引导和资源配置，大力扶持新兴产业，吸引创新型企业入驻，以提升开发区的科技含量和自主创新能力。很多开发区建立了研发中心、创新孵化基地等创新平台，积极引进高科技人才，推动技术研发和成果转化。[①]此举不仅促进了新兴产业的发展，还在产业链上下游形成了创新集群效应。开发区通过推动技术创新，在提升区域整体竞争力的同时，促进了产业结构的优化，增强了区域内企业的自主研发能力，推动了经济的高质量增长。

绿色发展逐渐成为开发区的重要发展理念。开发区在产业布局中积极引入节能环保产业，推动传统工业向低碳、绿色方向转型，严格控制高能耗、高污染项目的入驻。同时，开发区在生产方式上引入了环保技术和可持续发展方案，例如采用清洁能源、加强废弃物处理及循环利用，逐步形成资源节约型、环境友好型的经济模式。绿色发展的理念不仅改善了开发区内的生态环境，也树立了可持续发展的典范，为其他地区的产业绿色转型提供了经验借鉴。

在国际合作方面，开发区积极拓展海外市场，参与全球经济竞争，推动本地企业走向国际舞台。开发区在国际合作中发挥桥梁作用，通过引进外资、扩大外贸出口，促进了国内外资本、技术和人才的双向流动，2022年国家级经开区实际利用外资占全国比重超20%。开发区借助"一带一路"倡议等国家政策，加强了与国际市场的联动，在吸引国际

---

① 兰树梅.我国开发区治理模式比较与演化规律研究[D].浙江大学,2021.

先进技术和资本的同时，也推动本地企业"走出去"，实现跨国经营和全球资源整合。开发区作为区域经济的开放高地，不仅是吸引外资的平台，更是促进国际合作、深化对外开放的重要窗口。

此外，此阶段开发区在支持中小企业发展方面发挥了重要作用。通过提供政策优惠、资金扶持、产业配套服务，开发区为中小企业创造了良好的发展环境，帮助其克服成长中的困难。在此过程中，中小企业获得了更多的创新和发展机会，成为增强区域经济活力和提升创新能力的重要力量。开发区通过扶持中小企业，形成了多层次、多样化的产业体系，使区域内的产业生态更加健全，为经济的多元化发展提供了有力支持。

这一阶段开发区的发展实现了从传统模式向创新驱动、绿色发展和国际合作的成功转型。开发区不仅在吸引外资方面继续保持领先地位，还在科技创新、生态环保、对外开放等方面取得了显著成效。作为区域经济的增长引擎和国家经济结构调整的重要支撑，开发区正日益成为推动中国经济转型升级的关键力量，持续为经济发展注入活力，并为实现可持续发展和高质量增长奠定了坚实基础。

二、管理体制的演变

随着改革开放的深化，我国开发区的管理体制经历了从初步探索到规范发展，再到不断转型升级的过程。每一阶段的管理体制演变都紧密契合了国家经济政策和区域发展需求的变化，为开发区的快速发展和创新突破提供了重要的制度保障。从最初的政府主导型管理模式，到规范化、制度化的全面推进，再到市场化、企业化的深入改革，管理体制的调整逐步适应了开发区从数量增长向质量提升的转变。[①]这样的演变路径不仅促进了开发区在不同经济环境下的健康发展，还使其逐步成长为推动区域经济增长、技术创新和产业升级的核心力量，为中国经济的持续增长奠定了坚实基础。

（一）起步试验阶段：1980—1984年

在1980年至1984年间，中国的改革开放政策逐步推行，设立经济特区成为国家探索经济体制改革的重要试验。这一时期，深圳、珠海、汕头和厦门等地被设立为首批经济特区，成为对外开放和经济改革的先锋。这些特区不仅是吸引外资和引进技术的窗口，更是探索体制创新、推进制度变革的实验场。在设立经济特区时，中央政府赋予这些地区相对独立的管理权限，使得地方政府能够在招商引资、土地使用、税收政策等方面灵活施策，探索新的管理方式。[②]这种相对宽松的政策环境和自主权的下放，为这些特区的经济建设提供了强有力的支持。

在管理体制上，经济特区采取了灵活的管理模式，地方政府设立了专门的管理机构来协调特区内的行政和经济事务。这种直接管理的方式打破了以往高度集中的管理体系，赋予特区管理机构更高的自主决策权，使其可以迅速响应市场需求，灵活调整资源配置，推动基础设施建设和产业布局。这一灵活的体制不仅有利于特区的快速发展，也为日后开发区的设立提供了管理体制上的经验借鉴。特区管理机构在运营模式上实现了较高的市场化运作，通过优化审批流程、简化办事程序，吸引

---

① 王然.从管委会到一级政府——开发区治理主体的演变及其逻辑[D].浙江大学,2019.
② 殷存毅,何晓裴.开发区管理体制"政府化"演变的理论分析——新制度经济学的视角[J].公共管理评论,2015,19(02):3-17.

外资项目迅速落地，形成了中国吸引外资的初步雏形。

在这一阶段，经济特区还积极探索招商引资的多样化模式，推出了一系列具有吸引力的优惠政策，例如税收减免、土地优惠和关税豁免等。这些政策极大地增强了特区的吸引力，外资企业逐步进入这些特区，带来了技术、资金和管理经验，推动了经济的快速发展。为了吸引更多的外资，特区管理机构在服务企业方面不断提升服务质量，着力打造高效、便利的服务体系，逐步形成了一个"以外促内"的经济增长模式。经济特区的经验不仅证明了外向型经济发展的潜力，也为未来开发区的体制设计和政策支持提供了参考。

在起步试验阶段，经济特区的管理模式成为我国开发区发展的基础模式。经济特区的成功不仅推动了区域经济的迅速崛起，也验证了灵活的管理体制和市场化运作的有效性。这些特区在探索市场经济的过程中积累了丰富的管理经验，特区内的体制创新和政策探索为日后全国范围内开发区的设立和管理提供了宝贵的借鉴。这一阶段为中国开发区管理体制的形成打下了坚实的基础，使得后续的开发区能够借鉴特区模式，在更广泛的范围内推行开放政策，推动了中国经济的现代化转型。

（二）初创探索阶段：1984—1994年

1984年，中国的改革开放进入深入阶段，国务院正式批准在大连、天津、上海等14个沿海城市设立首批国家级经济技术开发区。这一举措标志着中国的开发区发展迈出了实质性步伐。作为改革开放政策的具体体现，国家级经济技术开发区肩负着引进外资、先进技术和推动工业现代化的多重使命。这一时期，开发区的管理体制主要由地方政府主导，设立了专门的开发区管理委员会。作为地方政府的派出机构，管委会被赋予了相对独立的权限，能够集中管理区域内的行政事务和经济事务，包括招商引资、土地审批、项目审批等一系列重要职能。[①]地方政府对开发区的主导推动，使得开发区能够迅速开展建设，为区域经济带来强劲的增长动力。

在管理体制方面，各地开发区在探索中逐步调整和完善自身的管理模式，积累了宝贵的管理经验。开发区的管理委员会采用高度集中化的管理方式，通过简化审批流程、优化政策配套、提供各类优惠条件等方式吸引外资，迅速建立了高效的管理和服务体系。这一阶段，各地开发区还尝试多种不同的管理体制类型，包括派出机构模式、区政统筹模式和企业管理模式。派出机构模式主要由地方政府直接管理，管委会作为政府派出机构负责开发区的各项事务；区政统筹模式则通过开发区与所在地政府的统筹协调，实现资源共享和功能互补；企业管理模式则通过政府授权的方式，将管理权限赋予开发公司，使其自负盈亏地进行开发区的运营和管理。这些模式的探索丰富了开发区的管理实践，也为后续建立更为规范和市场化的管理体制提供了实践参考。

这一阶段的开发区管理具有较浓的行政主导色彩，管理委员会通过政府的力量在资源调配、政策落实和基础设施建设方面发挥了关键作用。地方政府直接掌控开发区的发展资源，通过政策支持和行政引导，加快开发区的基础设施建设，推进各类配套服务的完善。这种高度集中的管理模式，有效缩短了项目审批时间，加速了开发区的建设进程，同时也为开发区内的企业提供了相对高效的服务。然而，由于尚处于探索期，管理体制中也存在一定的局限性，主要体现在决策过于依赖行政命

---

①沈子华,黄小乔.开发区管理体制改革的动因与路径研究[J].新疆警察学院学报,2024,44(03):73-80.

令，市场化程度不足，管理相对单一。

在开发区的发展过程中，各地还积极探索通过招商引资和政策优惠引入外资，尝试利用外商投资带动地方经济的发展。开发区内实行了包括税收减免、土地优惠、关税优惠等在内的多项优惠政策，吸引了大批外资企业进驻。这些外资企业的进驻不仅带来了资金和技术，还带来了现代化的管理理念，促进产业链的初步形成。特别是在东南沿海地区，通过"以商引商"的方式，外资企业的示范效应带动了更多的投资潮，形成了较为稳定的产业集聚效应。同时，为了更好地服务外资企业，各地开发区逐步构建了一套较为完善的行政审批和服务机制，使得企业在投资和经营过程中能够得到全方位的支持。

尽管处于探索阶段，但开发区在这一时期为后续的发展奠定了基础。通过不断的实践和调整，初创探索阶段的开发区管理体制积累了大量宝贵的管理经验，为中国开发区管理的规范化、制度化和市场化提供了重要启示。

（三）规范发展阶段：1994—2003年

随着全国范围内开发区数量的迅速增加和规模的持续扩大，开发区的管理体制开始面临新的挑战，迫切需要更加规范的制度来进行引导和约束。在这一背景下，1994年国务院发布了《关于进一步加强国家级经济技术开发区管理的通知》，明确了开发区的管理权限、职责和发展方向，标志着开发区管理逐步走向规范化。这一文件不仅对开发区的发展模式进行了清晰定位，还从制度建设层面提出了强化开发区管理的具体要求，为开发区的健康有序发展奠定了制度基础。

在这一阶段，开发区管理体制逐渐由原来的探索性管理转向制度化的管理方式，形成了"政府主导、企业参与"的管理模式。[①]在这种模式下，政府继续在开发区的发展中扮演主导角色，负责制定总体政策、指导资源配置，并通过设立开发区管理委员会进行具体管理。然而，与初期的高度行政化模式相比，这一时期的管理体制更加强调企业的参与，尤其是对企业在开发区内的自主经营和市场运作的鼓励。这种政府和企业双向合作的模式，不仅提升了开发区的活力，也促进了市场化机制的逐步引入，使得开发区在保持政策优势的同时，更加贴近市场需求。

开发区管理委员会的角色在这一阶段变得更加明确，其职能定位、权限范围以及具体的职责划分都得到了进一步细化。各地开发区在管理权限上被赋予了更多自主权，可以在招商引资、土地审批、税收优惠等方面进行政策创新，以增强自身的吸引力。同时，审批流程也逐步规范化，各地开发区设立了更为完善的项目审批制度，标准化了审批流程，精简了重复性工作和不必要的流程，提升了管理效率。这种清晰的权限划分和规范的审批制度，有效化解了开发区内部和不同开发区之间的政策冲突，避免了无序竞争，有利于资源的合理配置。

为了实现管理体制的规范化，国家还建立了考核评估机制，对开发区的工作进行定期考核。考核内容涵盖了经济增长、产业结构优化、招商引资和基础设施建设等方面，通过科学的考核体系督促开发区的管理委员会切实履行职责，并根据考核结果对开发区的管理工作进行奖惩。这种制度化的考核不仅强化了管理委员会的责任意识，还进一步推动了开发区在招商、建设等方面的规范发展，使得开发区的建设更具目标性和系统性。

规范发展模式的实施在一定程度上避免了各地开发区之间的无序竞

---

① 吴智育,房钰笛,苏悦宁.优化河北省省级经济开发区管理体制路径探析[J].河北企业,2024(04):69-71.

争。此前，各地开发区在招商引资过程中存在过度竞争的情况，导致资源的重复配置和浪费。规范化的管理要求使得开发区在市场运作中更加注重产业协同，避免了盲目招商和低层次竞争。在这一阶段，开发区逐步通过规范管理来促进资源的有效配置，不仅提升了招商质量，还推动了产业集群的初步形成。开发区开始依据区域资源优势和产业基础设定发展方向，形成错位发展的格局，在相互协作中提升整体的竞争力。

通过规范化管理的实施，开发区的功能定位和发展路径得到了更加明确的指导。开发区作为推动经济增长的重要载体，不再单纯追求速度和规模，而是逐渐向质量和效益转型。这一阶段的规范发展，不仅强化了开发区在经济发展中的功能，还为未来的市场化转型和体制创新奠定了基础。

（四）转型升级阶段：2003—2013年

随着我国的经济逐渐进入结构调整和转型升级的新阶段，开发区的管理体制面临从"政府主导型"向"市场驱动型"转型的需求。在此背景下，开发区的管理体制从原先的行政主导逐步向市场化和企业化方向演变，以提升管理效率、竞争力和适应市场需求的能力。这一阶段的转型升级不仅是经济发展环境的客观要求，也是开发区实现可持续发展的必然选择。

在这一阶段，许多开发区开始尝试政企分开的管理模式，通过成立开发区投资公司来承担投资、建设和管理职责，实现市场化运营。开发区的投资公司模式使其能够在资源配置、资金运作和项目引进等方面更加灵活、专业，进一步推动了开发区的市场化转型。例如，"管委会+公司"模式逐渐成为广泛应用的管理结构，其中管委会负责宏观指导、战略规划和政策协调，而公司负责具体的招商引资、资源整合和日常运营管理。这样的模式不仅确保了管委会的政策导向和区域统筹作用，也赋予了投资公司更大的市场自主权，使得开发区在管理上能够更好地兼顾政府职能与市场化运作的需求。

在这一转型过程中，国家出台了一系列政策支持开发区的管理体制创新，保证简政放权、优化审批流程和强化资源配置的高效性。例如，通过下放审批权限、简化行政流程、减少审批环节等举措，开发区能够更加灵活地进行项目引进、推进产业落地和进行资源分配。这种简政放权的举措不仅减少了企业进入开发区的审批环节，还加强了开发区的营商环境吸引力[①]。在资源配置上，开发区通过优化土地利用、加强配套设施建设、提供政策支持等方式，推动资源向重点项目和产业集群集中，提升了整体资源配置的效率。

在这一时期，开发区在自主创新能力和可持续发展能力方面也实现了显著提升。随着市场化机制的引入，开发区在招商引资上不仅关注投资总量，更强调产业结构的优化和质量的提升，优先引进高科技和高附加值产业，推动产业结构优化。同时，开发区通过设立研发中心、孵化器和创新平台，积极支持创新型企业的发展，吸引了大量具有研发实力的企业和技术人才，为开发区的高新技术产业发展提供了有力支撑。在这一阶段，许多开发区开始在政策支持下布局科技创新领域，致力于发展新兴产业和高端制造业，逐步形成了以技术创新为核心的产业集聚效应，增强了开发区的竞争力。

在推动产业升级的同时，绿色发展理念也被引入开发区的建设和管

---

①李浩.开发区管委会体制"市场化"改革研究——基于政府再造的视角[D].中共中央党校,2021.

理中。开发区在吸引企业和项目落地时，逐渐将环保标准和绿色指标作为重要考量因素，通过政策引导、环境准入等方式促进企业节能减排，推动绿色低碳的生产模式的形成。部分开发区还尝试发展循环经济，推动企业间资源循环利用，形成绿色产业链条，探索以环境友好型为导向的产业布局。这种转型不仅提升了开发区的可持续发展能力，还为开发区在未来发展中构建绿色竞争优势奠定了基础。

2003年至2013年是我国开发区从行政主导型向市场驱动型管理体制逐步转型的关键阶段。这一时期的管理体制创新，使得开发区的运作更加灵活、资源配置更加高效，显著提升了开发区的市场竞争力和创新能力，为其在更高层次上的经济发展奠定了坚实的基础。

（五）深化改革阶段：2013年至今

自党的十八届三中全会以来，国家对开发区管理体制改革提出了更高的要求，以适应新时期经济全球化和国内产业结构升级的需求。在这一阶段，开发区的管理体制改革重点聚焦于简政放权、放管结合、优化服务等方面，通过减少行政干预，赋予市场更大空间，提升开发区的市场化程度和国际竞争力。简政放权的措施使得开发区的管理更趋精简，多个项目的审批权限逐步下放，开发区在招商引资和资源配置上的自主权得到显著提升。这一管理模式的调整，不仅减少了企业进入开发区的制度性成本，还显著提高了行政效率，优化了开发区的营商环境。

在管理体制的深化改革中，开发区更加注重法治化和制度化建设，以确保管理的公平性和透明性。各地开发区在法规制度上逐步与国际接轨，严格执行《优化营商环境条例》及地方性法规，完善企业合规审查机制，落实国家法律法规并制定实施细则，以规范管理行为和保护市场主体的合法权益。①这种法治化的管理模式增强了开发区的稳定性和吸引力，使国内外企业在开发区内的投资和运营更加规范和可靠。同时，开发区在管理中积极引入先进的治理理念，探索数据化、信息化的管理手段，通过大数据和智能化管理系统提升管理效率，使得开发区能够及时响应市场变化，为企业提供更加精准的服务。

在推动市场化和法治化的同时，开发区的国际化程度也在逐步提升。随着"一带一路"倡议的提出，开发区作为对外开放的重要平台，在国际合作、招商引资和对外贸易方面迎来了新的机遇。开发区通过建立海外合作园区、推动中外企业合作、引入跨国企业等方式，加强与共建"一带一路"国家和地区的联系，扩大对外开放的广度和深度。许多开发区积极参与"一带一路"建设，通过与国际市场的深度融合，提升了自身在全球产业链中的地位和影响力，同时为国内企业"走出去"提供了重要支持和保障。

此外，深化改革阶段的开发区在发展模式上更加注重创新驱动和产业升级。各地开发区积极扶持高新技术产业和战略性新兴产业，努力建设创新型产业集群，打造高附加值的产业链条。通过设立创新孵化平台、吸引科技研发人才、引入高端制造等手段，开发区逐渐成为区域创新中心，承担起引领区域经济发展的重任。同时，开发区积极推动产学研合作，搭建产业创新链和技术转化平台，以推动科技成果的产业化，增强开发区的创新能力。这一创新驱动的转型不仅促进了开发区的经济增长，也提高了开发区在全球产业链中的竞争力。

在可持续发展方面，开发区进一步强化了绿色发展理念，注重节能

---

① 芦煜.国家级开发区设立影响外资流入的实证研究[D].湖南大学,2020.

环保和资源节约。通过引入绿色产业和环保标准，开发区逐步建立起绿色生产模式，推动生态环境保护与经济发展协同并进。部分开发区还在能源使用上引入清洁能源，鼓励企业开展节能减排和资源循环利用，为实现低碳经济和可持续发展奠定了基础。[①]整体而言，深化改革阶段的开发区管理体制更加注重适应经济全球化和市场需求的变化，通过简政放权、放管结合和优化服务，进一步释放市场活力，提升了开发区的法治化、市场化和国际化水平。

三、管理体制的现状

随着我国开发区的不断发展，其管理体制也呈现出多元化的特征。各地根据实际情况和发展需求，形成了多种管理模式，主要包括派出机构模式、区政统筹模式和企业管理模式。这些模式在组织架构、职能分配和运营机制上各有特色，体现了我国在开发区管理方面的探索与创新。深入分析这些模式，有助于理解当前开发区管理体制的现状，为进一步优化管理和提升管理水平提供参考。

（一）派出机构模式

在我国开发区管理体制的发展中，派出机构模式已成为普遍采用的组织方式。在这一模式下，由上级政府直接设立开发区管理机构，即开发区管理委员会（管委会），全面负责开发区内各项事务，如基础设施建设、社会管理和招商引资等，赋予管委会高度的自主决策权，使其在

---

① 蒙昕,程跃.国家级经济技术开发区绿色制造建设成效影响因素研究[J].科技创业月刊,2023,36(02):1-9.

推进区域建设和经济发展方面能够灵活高效地开展工作。以浦东新区为例，作为我国最早实践这一模式的区域之一，浦东新区在设立初期便采用了这一管理方式，使其能快速推进经济开发项目，并灵活整合资源，有力支持区域经济发展。

派出机构模式的一大特点是赋予管委会类似地方政府的职责，使其在区域内具备集中且直接的管理权限。这种高度集中化的管理方式使得开发区的事务决策更为高效。例如，浦东新区作为派出机构模式的代表，其管委会在项目审批和资源配置上展现出高度的控制力和效率，促使新区能够在短时间内吸引大量投资项目落地，从而提升了区域竞争力。新区管委会自设立以来，遵循"简政精兵"的原则，精简管理结构以提升行政效率，这一经验也进一步印证了派出机构模式在开发区管理中的独特优势。

在内部管理上，开发区管委会通常设立多个职能部门，以确保高效处理不同领域的事务。各部门依据不同职责进行划分，如招商、建设、财务、人力等，以专门化方式对开发区进行系统管理。这种部门划分同样体现在浦东新区的实践中，其设立了专门的招商引资和建设规划部门，通过职能的专业化提升行政效率和服务水平，满足区域内企业和居民的多样化需求，为区域发展营造了良好的服务环境。

此外，派出机构模式的管委会领导班子实行任免制，由上级政府直接任命，确保管委会在执行政策时具备较高的行政权威，并能够根据区域发展需求进行管理层调整，保持政策执行的连贯性和团队的专业性。[1]浦东新区在这一方面表现突出，其管委会领导层在发展进程中根据实际

① 董娟.再造"后开发区时代"政府主导下的管委会治理模式[J].中共天津市委党校学报,2008,(05):34-37.

需求进行调整，确保新区政策的高效落实并吸引专业管理人才，为区域的持续发展提供了有力支持。

在财政和政策实施方面，管委会具备相对独立的财务管理权和政策执行能力，能够根据区域经济发展需求灵活制定和实施各类激励政策，如税收减免、土地优惠等措施。浦东新区在这方面尤为典型，通过自主权的合理运用，实施了一系列创新的财税优惠政策，为区域吸引了大量优质项目和外资企业，显著推动了当地的经济发展。

派出机构模式不仅实现了开发区内部的集中管理，还确保了政策的高效执行。浦东新区的发展历程证明了这种管理方式为区域快速建设和经济增长提供了强有力的体制保障，为我国开发区的管理体制积累了宝贵的实践经验。

（二）区政统筹模式

在我国开发区管理体制的不断演变中，区政统筹模式逐渐成为一种适应新形势的管理模式。随着开发区的功能定位从单一产业园区转变为综合型的城市新区，其发展目标不再局限于经济增长，还包括社会管理的加强、公共服务的提升和城市功能的完善。为适应这一变化，开发区的管理体制从原先的派出机构模式逐步转向了区政统筹模式，即开发区管委会与所在地政府之间实现管理体制的统筹和并轨，以推动开发区与周边区域的协调发展。

区政统筹模式实现了开发区管委会与所在地政府的深度融合，两者在管理职能上实现合理分工，管委会更侧重于区域的开发建设，集中精力推动基础设施建设、产业布局和经济发展；而地方政府则承担更多社会管理、公共服务和民生保障的职责，负责开发区内居民的教育、医疗、治安等社会事务。①通过这种分工协作，区政统筹模式能够更好地满足开发区内企业与居民的多元需求，保证区域内经济、社会的协调发展。这一模式强化了地方政府在社会服务和管理方面的作用，缓解了开发区在扩张发展中面临的社会治理压力，使得开发区的发展更具综合性和可持续性。

区政统筹模式的关键在于开发区与行政区实现体制并轨。例如，在城市规划、土地开发和招商引资等领域，苏州工业园区通过与地方政府的资源共享和政策对接，突破了因职能分割带来的政策壁垒，极大地提高了区域内资源配置的效率，增强了园区的发展协调性。通过体制的并轨，开发区和行政区之间在管理体制、组织架构和职能划分上实现了深度对接，不再存在传统开发区模式中的职能交叉或职责重叠的问题。这种并轨模式有助于推动开发区和所在地政府在政策制定、资源配置和公共服务方面的协同运作。

在区政统筹模式下，开发区的管理体制更具灵活性，地方政府在社会事务和公共服务上有了更大的管理空间。以苏州工业园区为例，在这一模式下，园区通过专注于产业布局和基础设施建设，推动了高新技术产业和现代服务业的发展。这使得开发区能够专注于经济建设任务，通过政策支持和资源投入，推动高新技术产业、现代服务业等新兴产业集聚，增强开发区的产业竞争力。同时，地方政府作为社会管理的主体，能够进一步完善公共服务体系，提升开发区内居民的生活质量，推动公共基础设施建设，促进产城融合。

这一模式的优势还体现在政策执行的连贯性和协调性上。通过与行

①何莹.以管理体制机制创新促进开发区高质量发展[J].江南论坛,2022(10):75-77.

政区的体制并轨，开发区在政策执行和资源利用上能够更加协调，与地方政府在社会治理、城市建设、经济发展上保持一致性，避免了管理主体分散带来的行政协调困难。这种一致性有助于实现区域内的长远规划和可持续发展，确保开发区在经济与社会效益上共同进步，成为所在城市发展的一部分。

区政统筹模式满足了开发区日益增长的综合性发展需求，还通过建立开发区与所在地政府的协作关系，为开发区的长效发展提供了制度支撑。这种模式在推动开发区与周边区域协同发展、促进产城融合、实现社会经济的双重功能方面发挥了重要作用，推动开发区逐步从经济发展引擎向区域综合发展的新型城市功能区转变，为我国开发区的管理体制创新提供了有效路径。

（三）企业管理模式

在我国开发区管理体制不断创新和市场化进程加快的背景下，企业管理模式成为一种新的管理方式。在这一模式下，政府将部分开发区的职能下放给开发公司，使其拥有更大的自主权，负责区域内的基础设施建设、土地开发、招商引资和日常运营管理等多项事务，并要求开发公司按照"自负盈亏"的原则进行市场化运作。例如，上海漕河泾新兴技术开发区采用"人大立法、政府管理、公司运作"的独特管理模式，不设管委会，实行企业化运作。企业管理模式使得开发区的管理职能更加灵活，同时减轻了政府在开发区日常事务上的负担，有助于形成高效、市场化的运营体系。

企业管理模式的组织架构和人事管理严格按照企业的管理体系执行，这一特征使得开发公司在运行上具有较强的市场适应性，能够灵活应对不断变化的市场需求。①开发公司通过建立扁平化的组织架构，使得决策链条更为简洁，能够更迅速地响应市场信号，调整开发区内的产业布局和建设方向。同时，企业管理模式的开发公司在人事管理上具有更大的自主权，可以根据市场和项目需求选聘专业化人才，不受行政编制的限制，从而打造一支专业、高效的管理团队，为开发区的高质量建设和管理提供了有力支撑。

在企业管理模式中，开发公司还承担了部分行政审批事项的初审权，减少了企业在开发区的审批流程和等待时间，提高了招商引资的效率。这一管理方式既符合市场需求，又体现了政府在开发区管理中逐步推行"放管服"改革的理念，通过将部分行政审批职能下放至开发公司，简化了审批环节，优化了开发区的营商环境，增强了其对企业的吸引力。开发公司在初审的基础上，及时处理审批需求，为企业入驻和项目落地提供便利，这种高效的管理方式促进了开发区内项目的快速推进。

此外，企业管理模式要求开发公司自负盈亏，强化了其成本控制和效益管理意识。开发公司在开发区内的一切建设和运营活动都需在市场化的环境中自行承担财务风险，企业管理模式下的开发公司要依赖自有资金和市场融资进行开发运营，推动公司在财务管理和资源配置上更为谨慎和精细化。这种财务自主管理的模式使开发公司更加注重项目的收益性和成本控制，避免了政府投入的无效支出，促进了资源的合理配置，有效提高了开发区的整体运营效率。

企业管理模式还推动了开发区的运营管理模式更加市场化和专业化。开发公司通常依托自身的市场经验和管理能力，通过市场手段引入

---

①刘洋.新时代高新区管理体制转型研究——基于对常州国家高新区（新北区）的分析[D].苏州大学,2021.

高效的管理工具和运营模式，从而提升开发区的产业集聚和服务能力。在土地开发、项目运营和基础设施建设上，开发公司通过市场化的方式进行项目招标和服务外包，提升了管理的精细化水平。同时，企业管理模式还鼓励开发公司在开发区内打造先进的产业链和引进创新资源，优化产业布局，提升开发区的核心竞争力。

企业管理模式通过将管理权限赋予开发公司，使得开发区的管理模式更具灵活性和市场化特征。开发公司在自负盈亏的运营机制下推动开发区的建设和发展，使开发区能够更迅速地适应市场需求，提升招商引资效率，形成良性的市场化运作机制。这种模式有效地激发了开发区的市场活力，并为我国开发区管理体制的市场化探索提供了宝贵的实践经验。

四、管理体制目前存在的主要问题

尽管我国的开发区在管理体制方面取得了显著进展，但在实际运作中仍存在一些亟须解决的问题。这些问题在一定程度上制约了开发区的高质量发展，影响了其在经济转型和产业升级中的作用。深入分析这些问题，有助于为未来的改革和优化提供方向。

（一）市场化程度不足

尽管我国的开发区在引入市场机制方面取得了显著进展，但整体市场化水平依然不足。部分开发区的运营模式仍主要依赖政府主导，缺乏市场化运作的灵活性和效率。这种依赖性在招商引资和项目运营等关键环节尤为明显，导致开发区无法充分适应市场需求，难以在竞争中展现出足够的活力。例如，在山东省部分开发区中，市场化程度偏低的现象尤为突出，表现为"三多三少"特征：搞开发的多、搞运营的少，专业主体多、综合主体少，国有企业多、民营企业少。开发区在招商引资过程中过度依赖政府推动，形成了"政府主导、企业跟进"的模式。由于缺乏专业化的市场运作团队和科学的市场分析手段，招商项目的选择和运营方式往往缺乏对市场的深度了解，难以根据企业的实际需求和市场趋势来提供有针对性的服务。

具体而言，开发区在招商引资过程中缺乏专业化的市场运作团队和科学的市场分析手段，导致项目选择和运营方式缺乏对市场的深入理解。例如，在江苏省江宁经济技术开发区，专业性部门在经济发展、投资服务和开发建设等关键领域的比例偏低，未能有效发挥市场主体的作用，影响了区域内资源配置的合理性。[①]这种行政驱动的方式使得资源配置效率低下，开发区的资源难以实现最优分配。部分项目可能基于短期政策导向引入，而非基于市场需求的精准匹配，导致项目在落地后运营效果不佳，甚至出现资源闲置现象。

在项目运营方面，开发区往往采用行政化的方式推进项目实施，难以根据市场环境和企业反馈进行灵活调整。例如，开发区在推动基础设施建设、服务配套等方面，更多依赖政府的指令，而未充分考虑市场规律和运营效率。由于缺乏市场导向的灵活机制，开发区在项目管理上常常出现效率低下、难以快速适应市场变化的现象，削弱了其在招商引资

---

①刘慧.开发区对城市经济高质量发展的影响研究——理论分析与中国经验证据[D].上海社会科学院,2020.

和产业集聚方面的吸引力。[①]此外，部分开发区在资源配置和管理上仍偏重于短期政绩，忽视了市场化、长效化的管理模式，这进一步影响了开发区的可持续发展。

市场化程度不足的问题不仅限制了开发区的竞争力，也在一定程度上影响了其作为区域经济引擎的带动效应。由于管理模式尚未完全市场化，开发区在与企业合作时难以提供符合市场预期的服务，企业对开发区的信任度和依赖度相对较低，从而削弱了开发区在促进区域产业链完善和经济发展中的作用。

（二）官僚主义现象依然存在

在我国开发区的管理中，官僚主义作风依然较为突出，对营商环境和管理效率造成了一定程度的负面影响。具体表现为决策流程冗长、审批环节烦琐、服务意识淡薄，企业在项目审批和政策落实等方面经常面临层层障碍，降低了投资者的积极性。在开发区管理中，决策链条的复杂性使得政策的制定和执行往往被过多的程序和环节束缚。各部门之间需要逐级上报和多次审议，最终的决策过程时间较长，导致企业在等待过程中面临不确定性，错失了一些发展良机，增加了成本和压力。

审批流程烦琐是官僚主义作风的另一表现。开发区内项目的落地通常需要经过多个部门的审核，企业不得不提交各种材料并应对不同的审批要求。尽管部分流程已经简化，但在实际操作中，不同部门在审核过程中仍存在标准不一、审批意见不统一的情况，甚至要求企业多次补交材料或重新提交申请。对于企业而言，这些烦琐的流程不仅耗时耗力，

---

①陈熠辉.开发区层级与企业投资行为研究——基于国家级和省级开发区的对比分析[D].厦门大学,2021.

还抬高了进入开发区的门槛，使得企业在投资决策时变得更为谨慎。审批效率低下还会导致项目的延迟，影响企业的经营规划，削弱开发区在招商引资中的吸引力。

官僚主义作风也反映在服务意识的缺乏上。部分开发区管理部门在服务企业方面的意识薄弱，未能真正站在企业的角度思考问题。对于企业的诉求和困难，管理部门往往缺乏积极主动的回应态度，使企业难以获得及时的支持和指导[①]。在政策落实过程中，官员的消极态度和形式化的处理方式会使政策无法有效执行，政策效果难以实现。例如，企业在申请政策补贴或税收优惠时，往往因为流程复杂、沟通不畅而难以得到应有的支持，政策激励的实际效果受到削弱。

官僚主义的作风直接影响了开发区的营商环境。企业对开发区服务的信任度降低，对投资和扩展的积极性也相应下降。在全球市场竞争日益激烈的背景下，开发区的官僚主义问题不但限制了自身的发展活力，还使得其在吸引外资、支持本地企业发展和促进区域经济一体化方面失去了一定的竞争力。官僚主义带来的种种不便和低效管理，削弱了开发区作为区域发展引擎的功能，阻碍了开发区向更高效、服务导向的管理模式转型。

（三）组织层级过多

在我国部分开发区的管理体制中，组织层级设置过多的问题较为突出，直接影响了开发区的决策效率和管理质量。这种层级繁多的管理结构导致信息传递缓慢，决策链条拉长，使得从上级管理层到执行层的沟

---

①王伟.上海浦东新区政府管理体制研究——基于新公共管理理论的视角[D].中共中央党校,2011.

通效率大打折扣。信息在多个层级间层层传递，容易导致信息失真、误解甚至遗漏，影响决策的科学性和执行的精准性。此外，层级的增加也拉长了决策周期，许多急需快速反应的政策和决策因逐级上报而延误，无法及时落地，错失市场和企业发展机遇，降低了开发区的灵活性和适应能力。

层级设置过多还增加了开发区的管理成本。每一层级的运作都需要相应的人员、资源和办公经费，导致开发区在实际运行中人力、物力和财力的消耗加大，成本居高不下。在多个层级管理结构中，各个层级间的职能划分不明确，容易出现职能重叠或相互推诿的情况。在实际操作中，一些工作事项可能被多个层级重复管理，或因职能分工不清而无人负责，导致效率低下。责任划分的不清晰也导致了推诿扯皮现象的产生，一些管理人员可能会在职责不明的情况下规避风险、转嫁责任，从而影响到开发区政策执行的稳定性和高效性。

在政策执行过程中，层级过多的管理结构还会影响部门间的协调。开发区在落实某项政策或推进某一项目时，往往需要多个部门协同工作，而每个层级的部门在审批流程、工作标准上可能存在不一致的问题。每当一个部门走完了自己的工作程序，政策或项目的推进都需要等待其他相关部门的审批和协调，导致政策的落实速度大大放缓。例如，一项政策从制定到执行，可能要经过规划、财政、建设等多个部门的审批，层层审核、反复修改，最终延迟了政策的落地，使得企业在实际运营中面临较大的不确定性，增加了其运营成本。

这种层级过多的管理模式既不利于开发区的市场化运作，也削弱了其在招商引资中的竞争力。企业在开发区内的运营和发展需依赖高效、便捷的管理服务，而多层级的管理结构恰恰与这一需求相背离。过多的层级设置和缓慢的反应速度不仅增加了企业在开发区内的时间成本，也使开发区在应对市场变化和提升服务能力上显得力不从心。开发区若无法简化层级、优化结构，将难以适应现代市场经济的要求，也将失去其作为区域经济增长引擎的核心竞争力。

（四）人员冗余问题严重

在一些开发区的管理体制中，人员编制过多、岗位设置不合理的问题较为突出，形成了明显的人员冗余现象。这种人力资源配置不合理的状况不仅浪费了开发区的财政资源，也降低了整体管理效率，影响了开发区的形象和服务质量。由于部分开发区在设置岗位和分配人力时缺乏精细化管理，很多部门的人数配置远超实际需求，造成人力资源闲置，部分员工因工作量不足而无所事事，工作积极性随之降低，难以形成有效的工作动力。这样的工作环境导致员工的工作热情不足，部分员工甚至出现"等靠要"心理，整体工作效率因而下滑。

人员冗余问题还直接增加了开发区的财政负担。多余的编制和岗位需要维持日常运营、发放薪酬等，这些费用形成了开发区的高额人力成本。[①]在预算有限的情况下，过多的行政成本投入削弱了开发区在招商引资、产业升级等方面的资金支持力度，使得有限的财政资源无法得到高效配置。由于人员编制庞大，管理成本也相应上升，行政效率受到影响，因而开发区在提升管理质量和优化服务时面临资金和人力的双重约束，难以适应市场化要求。

此外，人员冗余问题使得开发区在组织内部管理上难以实现精简

---

①王祎.开发区绩效管理研究——以S省X经济开发区为例[D].太原理工大学,2022.

高效。由于人力配置冗余，各部门的职责分工往往模糊，甚至出现岗位职责交叉、工作流程重复的情况，进一步影响了开发区的运作效率。一些部门人员过多，但实际工作内容有限，造成了资源的浪费，而关键性岗位如招商、项目管理等部门反而缺少专业化人才，难以形成专业高效的团队。在这样的管理环境下，开发区的整体运作呈现出结构臃肿、效率低下的特征，降低了对企业的吸引力，也削弱了开发区的竞争力。

由于人力资源配置不合理，开发区的服务质量也受到影响。部分岗位的冗余人员在服务企业和管理事务时缺乏主动性，责任意识薄弱，导致服务质量不高，影响了开发区的形象和口碑。服务效率的下降让企业在与开发区的合作中感受到更多的阻力，难以获得预期的便利和支持。这种情况不仅影响了企业对开发区的信任，也使得开发区在日益激烈的区域竞争中失去了一定优势。

（五）权责界定不清晰

在我国开发区管理体制不断调整和演变的过程中，权责界定不清晰的问题逐渐凸显，尤其是在开发区与属地政府之间的职责划分上存在模糊地带。山东省部分开发区比照行政区规格设置，70%以上的开发区与所在乡镇（街道）未明确划分职能，管委会承担大量社会事务，导致政企不分，影响了开发区的市场化运作。①随着开发区职能的扩展和管理权限的调整，部分开发区在实际运作中未能明确其与属地政府的管理边界，导致在政策执行、项目审批、社会管理等方面出现了多头管理或无

---

① 赵宏杰.关于开发区管理体制的思考[J].科学中国人,2015(36):75.

人负责的情况。

权责不清导致开发区管理中常常存在职责交叉或重叠的现象。例如，在开发区的基础设施建设和公共服务项目中，有时需要多个部门的协调，但由于权责不明确，部门间的沟通和协调出现问题，项目进度受到影响。这种多头管理的情况往往导致各部门之间出现推诿扯皮的现象，降低了工作效率，使得一些问题得不到及时解决。同时，由于没有明确的责任主体，一旦出现管理问题或突发事件，如果缺乏有效的应对措施，将影响开发区的正常运作。

此外，权责界定不清晰还影响了管理的规范性，削弱了开发区管理的制度约束力。部分开发区在政策执行过程中，因管理层级和职能划分上的模糊，执行标准和流程不统一，导致政策效果大打折扣。例如，在企业申请项目审批或政策优惠时，由于部门权责不清，企业往往被不同部门要求重复提交材料，或多次进行沟通协调，增加了企业的运营成本，影响了开发区的营商环境和吸引力。

在管理过程中，权责界定不清晰的问题还会导致资源的浪费和管理效率的低下。由于缺乏明确的职能划分，开发区内一些资源配置难以达到最优，部分资源因无人负责而闲置，或因职责分散而使用不当。[①]同时，管理层级中的协调难度也因权责不清而加大，不仅增加了行政成本，还延长了政策的落实时间，影响了开发区的整体运转效率。

这种权责界定模糊的问题在开发区的发展中降低了管理体制的规范性和削弱了执行力，难以形成协调、高效的管理机制。由于开发区在组织架构和管理体系上的调整较为频繁，权责不清的问题一度成为阻碍开

---

① 何莹.以管理体制机制创新促进开发区高质量发展[J].江南论坛,2022(10):75-77.

发区管理质量提升的关键障碍，使得开发区难以在快速变化的经济环境中保持足够的灵活性和高效性。

（六）产业协同不足

在我国开发区的发展过程中，产业协同不足的问题逐渐显现，影响了开发区整体的资源整合能力和竞争优势。开发区内部的各类产业往往未能形成紧密的联系，产业链条的上下游衔接不够充分，导致资源共享和产业协同效应无法得到有效发挥。[1]由于缺乏一体化的产业协同机制，开发区内的企业在生产、研发和市场开拓上较为分散，难以形成相互支持的生态环境，这不仅增加了企业的运营成本，也影响了开发区的整体创新力和竞争力。

在实际运作中，开发区在产业链条的建设上出现断层，缺乏对产业链条的深入研究和系统布局，导致许多企业难以在区内找到配套企业。尤其是在一些高端制造业和技术密集型行业中，企业常常需要依赖外部市场来获取关键资源和服务，缺乏有效的区内产业配套，这种分散的资源布局使得开发区难以形成规模效应，也削弱了开发区吸引高端产业和创新企业的能力。对于中小企业而言，由于缺少上下游配套支持，其生产效率和资源利用率较低，难以在开发区内实现快速成长。

此外，开发区与周边区域的产业协同也存在不足。由于各地区间的资源整合和政策协调不够完善，开发区在区域经济一体化和产业链延伸方面面临一定障碍。部分开发区未能与周边区域形成合理的分工和资源共享机制，导致区域产业布局重复和资源竞争现象加剧，影响了开发区

---

① 田学斌,张昕玥,柳源.京津冀开发区协同发展：进展、模式与策略[J].区域经济评论,2023(02):27-36.

的长远发展。①产业链条的分散性和协同性的缺失使得开发区的集聚效应未能充分发挥,难以吸引具有核心竞争力的企业集群入驻,进一步限制了开发区的创新能力和对区域经济的带动作用。

在当前全球产业链加速重组的背景下,产业协同不足的问题使得开发区在资源整合、技术创新和市场响应方面的优势无法有效发挥,削弱了其在国际和国内市场中的竞争力。这种产业协同的缺乏还导致开发区难以对抗经济波动带来的冲击,削弱了其产业结构的韧性和区域经济的抗风险能力,不利于开发区的高质量发展。

①胡森林,曾刚,刘海猛,等.中国省级以上开发区产业集聚的多尺度分析[J].地理科学,2021,41(03):407-415.

第四章

国内外开发区管理体制市场化改革的经验与启示

他山之石，可以攻玉。通过学习国内外先进园区管理模式、市场化运营机制、规划与布局、服务体系建设、环境管理等方面的经验，可以推动我国园区管理体制的改革和创新，提升各级园区的竞争力和可持续发展能力，对各级园区优化资源配置、推动制度创新、激发市场活力、实现园区高质量发展具有重要的借鉴意义。

一、国内经验

从改革开放初期开始，我国产业园区的发展就伴随着不断的改革与创新。国内园区大规模改革经历了四个关键阶段：

一是探索发展时期（1979—1991年）。在改革开放的初期阶段，我国面临着产业基础薄弱和资金短缺的双重挑战，因此开始探索通过产业园区引进外资、技术和先进管理经验。

二是快速发展时期（1992—2002年）。这一阶段，我国产业园区进入了快速发展阶段。国家级开发区得到大幅扩容和高速发展，同时开始注重通过加强基础设施建设来进一步提升产业园区的产业层次和竞争力。

三是整顿发展时期（2003—2006年）。这一时期主要对产业园区进行了清理整顿和规范化管理，加强了对园区的规划引导和产业定位。

四是转型发展时期（2007年至今）。在世界发展全球化、信息化以及我国经济发展新常态化的经济大背景下，产业园区开始面临转型升级的挑战。这一时期产业园区的发展更加注重创新驱动和高质量发展，产业园区通过加强与国内外先进园区的交流合作，学习借鉴先进管理模式和经验。国内产业园区借助科技创新、产业结构优化、园区治理水平提升等方式进行转型升级。①

国内先进园区管理模式改革主要分为职能配置优化改革、市场化改革、人事薪酬制度改革、招商制度改革、整合优化改革、营商环境优化改革以及项目建设改革七个发展方向。

一是职能配置优化改革：以新公共管理理论和多中心治理理论为理论基础，强调政府职能转变、政府职能优化和多个主体治理。苏州浒墅关经济技术开发区、南通港闸经济开发区、海门经济技术开发区和苏州工业园通过分别实行区镇一体化管理、区镇（街）职能分设模式、大部门制改革"2.0版本"为全国开发区的职能配置优化改革提供了有益借鉴。

二是市场化改革：以新自由主义经济理论和竞争优势理论为理论基础，相较于职能配置优化改革更加强调市场在资源配置中的决定性作用。上海漕河泾开发区实施"人大立法、政府管理、公司运作"体系管理，打造完全市场化模式；永州市祁阳高新区通过实施"政企合作 园企共建""百企入园"等工程，形成独特的"管委会+公司"模式。

三是人事薪酬制度改革：借鉴委托代理理论、期望理论等先进理论，通过设计合理的激励机制，促进人才流动、完善绩效评估。以江宁、泰兴和相城园区为例，改革措施包括全员聘用、分类并轨绩效考核

---

① 康航瑜,陈英葵,陈倩倩.产城融合 转型升级 集群发展：中国产业园区研究现状、热点及发展趋势——基于2014—2022年中国知网核心文献的可视化分析[J].时代经贸,2024,21(05):10-14.

与全员绩效考核。这些改革通过双向选聘、差异化考核及全员覆盖，实现人才流动和工作效率提升。

四是招商制度改革：结合产业集群理论和价值链理论，不仅提高了招商的精准性和效率，还进一步推动了区域经济的高质量发展。吕梁经开区提出"1+13+N"全员招商模式，打造全员精准招商新模式；盐湖高新区、襄垣经开区分别通过"链主"招商模式和外资新突破实现了招商目标精准化、方式多元化和服务优质化。

五是整合优化改革：结合区域经济一体化理论和网络组织理论，强调组织间的协作关系。常州高新技术产业开发区和苏滁现代产业园分别打造"一区多园"融合发展模式和跨省共建园区模式，以实现园区间资源共享，提升协同创新能力，为区域经济的可持续发展提供有力支持。

六是营商环境优化改革：结合波特钻石模型、政府治理理论分析和指导实践改革措施，通过优化审批制度、创新执法模式和提供专业服务，徐州、常州和盐城三大经济开发区在营商环境提升方面取得显著成效，增强了区域吸引力。

七是项目建设改革：通过对项目管理理论和协同理论的应用，协调各方资源，优化项目建设流程。例如山西转型示范区、溧阳高新区以及太原中北高新区分别通过实施"六点五段"全周期服务、行政审批改革和"三全"举措，提升项目推进效率，推动经济增长。

（一）职能配置优化改革

产业园区是区域经济发展的重要平台。随着经济的迅猛增长和产业结构的持续升级，传统园区管理模式中政府职能不明确、审批流程复杂、服务效率低下的问题，可能会阻碍园区的进一步发展。因此，园区的职能配置必须不断优化，以适应新的发展需求。

新公共管理理论强调政府的作用应从"划桨"转变为"掌舵"，即政府应更多关注政策制定和战略规划，将具体的执行和管理交给市场和企业。[①]在园区职能配置的优化改革过程中，应充分汲取新公共管理理论的精髓，可以在充分调动市场与企业作用的同时，将政府职能集中于宏观调控、政策引导以及公共服务等领域。

多中心治理理论强调在公共事务治理中引入多个治理主体共同参与，以形成多元化的治理格局。[②]在园区职能配置优化改革中，可以借鉴多中心治理理论的理念，通过建立包含政府、企业、社会组织和公众等在内的多元主体共同参与的治理机制，进一步提高园区的治理效能和服务水平。通过结合新公共管理理论、多中心治理理论等先进理论，对园区的职能配置进行优化改革。通过优化改革，可以明确政府职能、简化审批流程、提高服务效率，为园区的发展提供更好的保障；能够更加有效地利用园区的资源聚集、产业升级以及辐射效应，推动区域经济的高质量发展。

1.区镇一体化管理的模式：苏州浒墅关经济技术开发区

2020年4月，苏州浒墅关经济技术开发区（以下简称浒墅关经开区）和浒墅关镇实行一体化管理，开创区党工委、管委会和浒墅关镇党委、镇政府"两块牌子、一套班子"模式，统筹区域经济社会事务，成立浒墅关经开区社会事业局；划定统一审批权限，在浒墅关经济发展局挂行政审批局牌子，承接经济管理权限；实施"六大统一"机制，即统一的规划建设、经济发展策略、财政结算体系、组织人事管理以及社会公共

---

① 杨宏山.市政管理学[M].中国人民大学出版社,2022.

② 熊光清.多中心协同治理何以重要——回归治理的本义[J].党政研究,2018(05):11-18.

事务管理体系，以集中力量强化技术开发区的经济职能。

区镇一体化的管理模式使得浒墅关经开区和浒墅关镇的发展空间得到有效拓展，实现了政策、资金、土地及人才等关键资源的优化配置。在具体实施过程中，浒墅关经开区和浒墅关镇首先按照事业单位职能进行分类，安排相对应的职能机构进行管理，使得所有事业单位均构筑起高效精练、权责分明、运行有序的组织体系与治理结构。例如与经济发展高度相关的职能部门——经济发展局、科技创新局及招商局等，其人员编制及资源配置得到了显著优化。其次，通过实施"六个统一"机制，将开发区内部的8个职能机构和浒墅关镇的10个内设机构合并精简为11个职能机构，撤销12家事业单位，综合设置13家事业单位，使得开发区在合理配置职能的同时，明确各单位、部门的运行机制。

2.区镇（街）职能分设模式：南通港闸经济开发区、海门经济技术开发区

南通港闸经济开发区（以下简称港闸经开区）系由原永兴综合开发区、永兴乡、闸西乡、芦泾乡以及天生港镇街道五个乡镇街道合并设立而成。2020年3月，港闸经开区改"区镇合一"管理体制为"区街分设、职能分离"管理体制，明确各街道职能定位。永兴乡、天生港镇街道与港闸经开区脱离隶属关系，构建港闸经开区整体规划建设模式下的托管关系。开发区主要承担经济发展职能，负责规划布局、经济运行、招商引资、项目推进、人才科技等工作。街道主要承担社会管理职能，负责各自辖区内的社会管理、搬迁安置、安全与法治建设、信访维稳等工作。这一改革不仅能够优化机构人员，还能够强化区街协同配合，建立区街利益捆绑机制。

实施"区街分设"以来，港闸经开区内设机构由17个精简到8个。同时所有部门通过实行扁平化管理，取消内设科室，实行主办负责制（业务主办人即岗位负责人），精简了工作汇报的层级结构，从而提升了跨部门的沟通效率。通过一系列措施，开发区作为经济发展的核心地带、项目承载的主要基地以及招商引资的主要引擎，地位越来越显著。同时，所有员工在各自的岗位上都能够发挥个人特长，工作的专业性和精准性得到持续增强。

2020年3月，海门经济技术开发区（滨江街道）与海门高新技术产业开发区（海门街道）进行整合，实行区街职能分设。两年多来，海门经济技术开发区（简称海门经开区）通过"三明确"，即明确组织架构，构建"一体双管、统一领导"组织架构。一是明确开发区党工委要统筹辖区内党的建设、经济社会发展、财政税收、规划建设、安全生产等重大事项。任命一位兼管委会副主任和海门街道党工委书记的开发区党工委委员，全面负责街道的各项工作，使得海门街道党工委和办事处受到海门区委、区政府以及开发区党工委、管委会的双重领导。二是明确职能职责，推行"一体两责、职能分设"运行体系。海门经开区主要承担区域内的经济管理职责，比如产业发展、招商引资、重大项目建设以及企业服务等。而海门街道则负责本区域内的基层党建工作、社会事务管理以及公共服务等。街道党工委则在职能范围内独立行使决策权，建立健全开发区、街道工作责任清单，进一步明晰事权和职责界限，推动各项工作运转顺畅。此外，确定开发区安全生产、规划建设等部门负责人兼任街道党工委委员，进一步明晰工作责任，形成齐抓共管的工作格局。三是明确协同机制，健全"一体同心、互促共进"协同机制。在党建工作方面，开发区党工委下设党建办，统筹协调全区党建工作，街道负责全区基层党建的具体工作，健全完善统分结合、全面融合的党建工作协同运作机制。在涉企交叉职能方面，开发区具体负责涉及企业生产、运营等的经济服务事项，街道具体负责涉及企业职工社保、子女上学、劳资等的社会服务事项，推动形成"一个企业两个帮"的同舟共济的工作局面，推动区街同步发展、深度融合，不断巩固"区街职能分设"改革实效。

实践效果使得主责主业更加聚焦。管理体制改革以来，在区委、区政府的统一领导下，开发区聚焦经济建设一心一意谋发展，海门街道聚焦社会事业心无旁骛惠民生，在管理范围上实现了"强身健体"的目标，在主责主业上完成了"瘦身塑形"的初衷，使得"一个声音、双管齐下"的组织管理体系更加完备，"一级抓一级、层层落实"的责任链条得到了进一步夯实，同时"1+1>2"的改革成效也越发显著。

3.大部门制改革"2.0版本"的模式：苏州工业园

苏州工业园立足发展主责主业，牢牢把握去行政化改革方向，按照"撤一建一"原则，在不增加机构数量的前提下，对职能进行科学梳理整合，深入优化党群综合、经济发展、社会治理三大类机构的布局及其职能分配。在实施大部门制改革及扁平化管理的基础上，构筑"小政府、大社会"的整体架构，并积极研究适合开发区特性的"1+1+3"基层"放管服"综合改革模式。具体来说，就是建立一个多维度的基层政务服务体系，开发一个智能化的办事信息化系统，并打造三套覆盖全程的闭环管理体系。

苏州工业园通过持续的管理体制改革创新，2022年，其生产总值3515.61亿元、税收总额676.8亿元，在全国169家国家高新区中综合排名第四。截至2022年底，苏州工业园内处于有效期内的国家高新技术企业数量已超过2480家，同时其培育出及正在培育的独角兽企业达到180家，科技创新型企业更是突破万家。在商务部公布的2022年国家级经济技术开发区综合发展水平考核评价结果中，苏州工业园荣登榜首，连续七年保持领先，成为全国开发区学习的典范。

（二）市场化改革

在当今经济全球化和市场竞争日益激烈的背景下，园区作为经济发展的关键阵地，其传统的园区发展模式存在的市场活力不足、资源配置不合理、创新动力缺乏等问题，可能会对园区的可持续发展产生负面影响。因此，产业园区的市场化改革势在必行。

新自由主义经济理论强调市场机制在资源配置中的决定性作用，主张减少政府干预，激发市场主体的创新活力和竞争力。[①]在园区市场化改革中，可以借鉴新自由主义经济理论的理念，将市场机制引入园区的资源配置、项目引进和企业发展等方面，充分发挥市场的决定性作用。

竞争优势理论强调企业应通过不断创新和优化资源配置，形成独特的竞争优势。[②]在园区市场化改革中，可以借鉴竞争优势理论的理念，引领园区企业深化技术创新、管理创新以及商业模式创新，增强企业的核心竞争力。

借鉴新自由主义经济理论、竞争优势理论等先进理论的理念和方法，对园区进行市场化改革，通过市场化改革，可以激发市场活力、优化资源配置、增强创新动力，为园区的发展注入新的活力；可以更好地发挥园区的产业集聚、创新引领和经济增长作用，推动区域经济的高质量发展。

---

① 杨香军.市场在资源配置中起决定性作用的理论逻辑与改革重点[J].商业经济,2023(04):138-140.

② 迈克尔·波特.竞争优势[M].陈丽芳译.中信出版社,2014.

1.完全市场化的模式（上海漕河泾开发区）

上海漕河泾开发区采用了一种独特的管理体系，即"人大立法、政府管理、公司运作"的模式，这种模式的灵活性使得漕河泾在起步阶段就具备了高度市场化的思维。开发区的基础设施建设、资金筹集与运用、土地开发及土地使用权转让、房产经营等均由上海市新兴技术漕泾河开发区发展总公司统一负责。该公司还致力于通过创造优质的投资环境，来为园区吸引国内外资金和先进技术。2022年，全区营业收入首次达到6351.3亿元，同比增长7.9%。其中，漕河泾开发区本部单产面积产出收入达到4730亿元，同比增长18.5%；利润总额为509亿元，税收总额为193.7亿元。单产面积产出持续保持全国领先，每平方公里实现营收847亿元。

2.全国首创"一人局"的模式（海南国际经济发展局）

2019年，海南国际经济发展局挂牌成立，该局不列入政府行政机构序列，仅有局长一人为公务员，号称"一人局"。在人员构成上，发展局大部分为年轻人，并吸纳多专业、多背景的青年人才。"一人局"聚焦主责主业，在北京、香港两地设办事处，在全球不同国家和地区设立16个境外联络点，构建起全球招商网络体系。在"一人局"模式的推动下，2023年上半年，海南自贸港的重点园区货物进出口总额高达854.74亿元，同比增长了35.5%。这一数字占据了全省货物进出口总额的74.2%，相较于上年同期，这一比例提升了5.4个百分点。"一人局"模式为其他园区管理体制市场化改革提供了良好的借鉴意义。

3."管委会+公司"的模式（永州市祁阳高新区）

2017年，祁阳县推出的"1+X"综合政策，成功吸引了专业园区运营商——湖南金荣集团。通过实施"政府与企业合作、园区与企业共建"的模式，祁阳县将园区的规划、建设、招商以及运营管理全权委托给金荣集团，从而实现了园区服务的一体化、专业化和市场化。这一系列举措促进了园区管理模式的根本转变，即从传统的"政府投资、政府建设、管委会管理"模式，向"社会投资、市场建设、公司化运营"的现代化模式迈进，致力于打造一个综合性的产业平台。2019年8月15日，祁阳成功举办融入粤港澳大湾区的承接产业转移大会，并举行百企入园签约仪式。在此次大会上，园区集中签订了70个涉及电子信息、轻纺制鞋、新材料、机械制造、农副产品深加工等多个产业的项目，总投资额达到120亿元。2020年，该园区实现了从"EPC+O"模式向PBOS模式的转型，创新地推行"百企入园"工程，全面对接并融入粤港澳大湾区。该工程由第三方主导，园区利用其专业的招商团队和平台，积极开展市场化招商活动，从而实现企业引进和产业落地目标。同时，科创园推出了"供房不供地"招商新模式，吸引项目按照既定标准入驻。园区以成本价提供标准厂房，帮助企业迅速构建起高质量的固定资产，便于融资贷款，实现企业"拎包即住"，减轻负担，同时避免了企业频繁迁移的"候鸟式"现象的发生，确保园区与企业共同受益。科创园1.1期的10万元每平方米的标准厂房在短短三个月内被全部预订，1.2期的12.3万元每平方米标准厂房也提前完成了预租预售。即将启动的科创园二期计划建设26万元每平方米的标准厂房，这将形成一个积极循环：企业的入驻需求推动厂房建设，而厂房的建设又进一步吸引企业入驻，从而加速了祁阳产业的发展。

（三）人事薪酬制度改革

当前，随着经济社会的迅猛发展，园区作为促进经济增长的关键驱动力，其人事薪酬制度的改革显得尤为关键。传统的园区人事薪酬模式常常存在激励不足、人才流动不畅、绩效评估不科学等问题，极大地制约了园区的活力与发展潜力。

委托代理理论强调通过合理的激励机制设计，促使代理人以委托人的利益最大化为行动目标。[①]在园区人事薪酬制度改革中，可以借鉴委托代理理论的理念，通过构建科学的薪酬激励体系，激发员工的工作积极性和创造力。

期望理论认为，人们的行为取决于对行为结果的期望和对价值的判断。[②]在园区人事薪酬制度改革中，可以借鉴期望理论的理念，明确员工的职业发展路径和薪酬晋升机制，使员工对未来满怀期待，从而更加努力地工作。

通过借鉴委托代理理论、期望理论等先进理念和方法，对园区人事薪酬制度进行改革，可以增强激励效果、促进人才流动、完善绩效评估，为园区的发展提供坚实的人才保障。同时可以更好地发挥园区的人才优势，激发创新活力和发展动力，推动区域经济的持续繁荣。

1.全员聘用改革（江宁经济技术开发区）

江宁经济技术开发区（以下简称江宁经开区）的全体干部和员工全面实施了"劳动合同"与"岗位聘用合同"的双重管理体系。具体可以概括为"2+4+1"，即实施淡化行政、事业人员身份，优化岗位设置2个先行办法，实行部门领导聘期制、主管（经理）双向选聘制、管理人员双向选岗制、特岗特职特聘制4项改革举措，发挥薪酬和考核机制的引领与保障作用。一是建立双重管理体系，以弱化行政和事业单位人员的身

---

① 沈馨怡."一带一路"背景下中国企业海外投资契约优化研究——基于委托代理模型[J].时代经贸,2024,21(08):86-90.
② 徐兴宇,安世民.基于弗鲁姆期望理论的员工激励效率分析[J].江苏商论,2016(12):80-82.

份界限，比如对公务员和事业单位人员的职务、职级以及档案工资将实行封闭式管理。部门领导的聘期为三年，其他人员则为一年。对于不愿签订岗位聘用合同的行政和事业单位人员，将进行分流安置。二是实行双向选岗。部门与正副主管、主管与工作人员之间实行双向选聘选岗，双选不成功的，进行脱岗培训和跟班学习，经考核合格后，重新进行岗位分配。培训、学习期间只发基本工资，不参与绩效考核。三是实行刚性淘汰制度。实施岗位考核等级的强制性分布制度，并设定至少3%的员工必须接受严格的淘汰标准，确保没有空间留给那些"得过且过"的员工，从而在员工中培养一种持续的危机意识。四是实行差异考核。按照公务员税前薪酬的1.5至2倍，由区委核定开发区薪酬总额。部门考核依据高质量考核结果划分四个档次，设置不同绩效奖基数，部门内部依据实绩和贡献，设置不同绩效系数，最高与最低薪酬垂直高低比控制在3至5倍。

改革后，江宁经开区全面实行企业化管理，所有干部员工实行聘用制管理，使得人员上下流动、进出流动的渠道更加畅通。促"铁交椅"为"能上能下"，破"铁饭碗"为"能进能出"，营造了"人岗相适、人尽其用"的选人用人氛围。同时，人员管理以岗位的定量减少了"人浮于事"的现象，扁平化管理提高了信息流的速率，降低了内部制度成本，进一步提升了干实事的效率。

2.分类并轨绩效考核制度（泰兴经济开发区）

泰兴经济开发区遵循"以效率为先、奖励优秀、惩罚落后"的核心原则，建立了一套全新的绩效考核体系。该体系充分发挥"关键绩效指标（KPI）结合重点工作"的导向作用，以推动工作效率持续提升和执行力持续增强。新考核体系的主要特色在于实施分类并轨制的考核方法、执行透明的"晒单制"考核管理，同时加强了对考核结果的应用。根据园区的工作特性，泰兴经济开发区为部门和个人精心打造了两级考核体系，同时为园区内部部门、国有企业以及实行企业化运营的招商公司设计了一套统一的考核模式。以部门考核为例，考核体系充分考虑了不同岗位的职责差异，强调了主要职责和核心业务。共性考核的权重被设定为30%，而个性化差异考核的权重则为70%，这样既保证了考核的导向性、公平性，又体现了差异性。此外，在科技创新、项目推进、财税融资等关键领域，还设置了加分项，以激发各部门的创新激情和工作动力。以国企考核为例，对其考核体系将会特别强调与注重与现代化企业要素的融合，涵盖经营、资本管理、投融资管理、规范运行等多个层面的评价参数。该园区将部门和个人的评估分为"优秀、良好、合格、不合格"四个等级。如果员工在绩效考评中的结果是"优秀"，那么在选拔任用、职务职级晋升、教育培训、评先评优等方面，园区会给予该员工优先考虑。对于部门来说，其评估等级将会与部门主要负责人、分管领导的年度评估直接挂钩。如果其年度评估等级被评为"不合格"，那么该部门的主要负责人在年度评估中也将被评为"不合格"，同时负责该部门的分管领导在年度评估中将不能参加"优秀"评选。

目前，该园区实行的分类并轨绩效考核制度成效显著，工作效率显著提高。以云湖科技的环境友好型涂料项目为例，这一项目总投资额为10亿元，但其审批过程仅用了6个月，这一速度打破了近年来泰兴经济开发区同类项目的审批时间最短纪录。

3.全员绩效考核制度（相城经济技术开发区）

相城经济技术开发区（以下简称相城经开区）创新开展全员绩效考核，打破"一任终身"的模式，确立"能上能下"的人才选拔机制，打破身份壁垒，建立"能进能出"的人员流动机制，充分发挥绩效考核在表彰优秀、惩戒不足、激励担当方面的关键作用。一是实行全面的考核制度。考核范围涵盖所有人员，包括相城经开区党工委、管委会领导在内的全区机关事业单位人员及辅助性岗位人员，构建起一个上下贯通的考核体系。采用领导、同级、下属三个主体评价相结合的方式，围绕"德、能、勤、绩、廉"五个测评指标设置不同权重，形成科学合理的考核架构。实行季度、年度二级节点化管控。主体评估将采取购买第三方服务的方式进行，通过与第三方签订保密协议，确保评估过程的公正和透明，从而构建一个权威且透明的考核环境。二是执行差异化评价。人员考评等级比例与部门考核结果挂钩，将各单位的中心工作与个人考核相结合，科学制定A、B、C、D等级，将A、D等级进行强制分布，明晰优劣边界，充分保障奖优罚劣机制运行。三是强化考核结果运用。结合人员晋职晋级实施办法等相关人事制度，执行分层分级管理培养：配套人员挂职交流、鼓励激励等人事制度，行政编制人员、事业编制人员、企业编制人员等，均一视同仁。

相城经开区通过人事薪酬改革，将部门等级分布比例与目标任务完成情况刚性挂钩，鞭策部门人员团结协作、"混日子"人员主动作为，将考核压力转化为干事动力。考核等级强制分布决定了刚性的优劣比例，破除了论资排辈现象和"干多干少一个样"的慵懒思维，确立了"有为有位"的用人机制。

（四）招商制度改革

在经济发展日新月异的当下，园区作为经济活动的重要承载地，传统的招商模式存在目标不精准、方式单一、服务不到位等问题，严重阻碍了其快速发展，因此招商制度改革刻不容缓。

产业集群理论强调企业间的相互关联和协同效应，能够提升区域竞争力。[①]在园区招商制度改革中，可以借鉴产业集群理论的理念，专注于主导产业的精准招商策略，旨在吸引相关企业集聚，从而构建产业集群的竞争优势。

价值链理论认为，一系列相互关联的环节组成企业的价值创造活动。[②]在园区招商制度改革中，可以借鉴价值链理论的理念，注重引进处于产业链关键环节的企业，完善园区产业价值链，提升园区整体价值。

借鉴产业集群理论、价值链理论等先进理论的理念和方法，对园区招商制度进行改革。通过改革，可以实现招商目标精准化、招商方式多元化、招商服务优质化，为园区的发展注入强大动力，可以更好地发挥园区的产业引领、经济带动和创新示范作用，推动区域经济的高质量飞跃。

1."五化"专业招商制度改革（江阴高新技术产业开发区）

江阴高新技术产业开发区实行"五化"专业招商制度改革。一是专业化选拔。引入竞争选拔机制，全面打破身份性质界限，打造一支精通产业、技术娴熟、政策熟悉、擅长谈判的招商精英团队。二是公司化管理。成立招商发展中心，与招商局实行"两块牌子、一套班子"的运作模式，通过公司化运作全面开展招商引资管理、投资项目管理、经济社会咨询等服务。三是市场化招商。在海外诸如日本、韩国、以色列等国，以及国内关键城市包括上海、北京、深圳等地，设立了专门的招商

---

① 张洵君,邢菁华.多重螺旋视角下的苏州工业园区创新生态系统发展研究[J].科学管理研究,2023,41(06):60-69.
② 郑江淮,金晟男.地区间技术互补、均衡发展与企业全球价值链攀升[J/OL].中国工业经济,2024(07):85-104.

联络机构，以实施具体的招商活动，并根据实际情况开展目标考核、兑现招商奖励。同时，与具备国际影响力和专业水平的金融、咨询、产业机构，如"五大行、四大所"，以及各地的江阴商会签署长期招商合作协议，拓展招商引资途径。四是精准化服务。选拔业务水平精、服务意识好、协调能力强的工作人员作为项目专员，从项目签约至竣工投产实施"一对一""零距离"的指导和帮助。五是项目化考核。建立目标导向、实绩导向的绩效管理体系。根据岗位确定"基本底薪"，根据绩效确定"考核薪酬"，"考核薪酬"占比达三分之二。

此次改革彻底颠覆了招商团队以往"眉毛胡子一把抓"的工作模式，实现了从综合型招商向专业型招商的转变，同时推动了从以政府为主导的招商模式向以企业为主导的招商模式的转变。招商职能得以从传统体制中剥离，确立了市场化、专业化、社会化的发展方向。通过组建9个专项项目攻坚队伍和3个驻点招商攻坚队伍，江阴高新技术产业开发区培养了一支精通新能源、集成电路、生物医药产业以及相关基金业务的专业团队，这为项目的洽谈、落地和建设提供了全面、一体化、全方位的"保姆式"服务，有效促进了开发区项目的成功落地。通过设立驻点、委托专业机构、聘请顾问以及利用网络平台等多种方式，积极推行招商引资策略，全方位、多层次地向各地商会、行业协会以及国内外的商业伙伴宣传和推介江阴高新技术产业开发区的丰富资源和卓越服务。

2.创新"1+13+N"全员精准招商新模式（吕梁经济技术开发区）

吕梁经济技术开发区依据自身实际情况，创造性地提出了"1+13+N"全员精准招商新模式，集中力量引进重大项目，确定了产业发展的方向，开创了全员参与、共同招商的新局面。"1"代表招商服务局专职专责招商工作，"13"代表吕梁经济技术开发区的13个部门，

"N"则指针对特定项目成立若干个专门的招商团队，提供一对一的精准服务。为实施招商引资"一岗双责"制度，吕梁经济技术开发区针对其14个部门的职责进行细分，以省委十四大确定的战略性新兴产业为招商重点，实施差异化精准招商策略。这些任务被整合到各部门的主要业务工作中，以实现任务同步规划与评估。此外，它们的完成情况将直接影响到部门目标责任制的考核以及员工的个人绩效工资。

在2021年，吕梁经济技术开发区成功签订了29个项目，签约总金额高达71.91亿元人民币。在这些项目中，有5个项目投资额超过5亿元人民币。在总部经济类别中，共有10个项目，其中3个项目预计年综合纳税额将超过3000万元人民币。此外，开发区还精准引进了5个新能源项目，包括氢燃料商用车整车生产和分布式光伏发电等。

3.依托"链主"招商，打造特色产业（盐湖高新技术产业开发区）

为有效解决专业招商人员短缺、招商精准性和实效性不足等问题，盐湖高新技术产业开发区聚焦战略性新兴产业，依托其产业基础和优势，充分调动企业自主性，积极探索并实施"链主"招商模式。该模式将传统的"一对一"招商转变为"一对多"招商，促进了多个项目的集群式落地，加速了产业链的构建、延伸、补充和强化。第一，挑选在高端装备制造、生物医药、新材料、现代物流、数字经济五个重点产业链中具有竞争优势、成长潜力和关键核心技术的优质企业（如中磁科技、宏明空调、新联盟物流等），作为各产业链的"链主"企业，予以重点扶持，以增强其市场竞争力和吸引力。第二，以"链主"企业为核心，精准对接项目信息，针对产业链中的龙头企业、"专精特新"企业和核心配套企业，实施企业间相互招商，推动项目集群落地，实现产业链的延伸和拓展。接着，为"链主"企业量身定制专班服务，围绕产业链中的关键企业——"链主"及核心企业，采取"一对一"定制化策略，设立专项工作组，全程跟踪并提供全方位的支持服务。这些服务不仅涉及企业的人力资源调配、行政审批，还包括"标准地"供应及标准化厂房建设，旨在营造一个完全契合其发展需求的优质环境。然后，依托"链主"企业打造特色园区，倡导并支持"链主"企业联合配套企业共同构建研发中心、生产制造基地、大数据处理中心以及物流配送枢纽等综合性服务平台。同时，以"链主"企业为引领，组建产业协作网络和行业协会，强化大、中、小企业间的协同作业，促进资源共享与优势互补，进而提升整个产业的竞争力。例如，盐湖高新技术产业开发区以新联盟物流为"链主"，成功吸引了9家物流企业入驻，打造了投资50亿元的现代智慧物流园；以天海泵业为"链主"，成功整合并迁移了位于解州地区的50多家水泵企业，同时配套建设了10万元每平方米的标准化厂房，从而打造了华北地区规模最大的水泵产业园区；以宏明空调为"链主"，联合吸引了6家企业共同参与，通过技术、平台和市场的紧密协作，共同打造了一个投资额达20亿元的空调制造产业园。

4.推动利用外资实现新突破（襄垣经济技术开发区）

襄垣经济技术开发区致力于实际利用外资水平的提升，通过增强对外资企业的服务效能，持续完善支持政策、转变外资利用方式、优化招商引资结构，以实现外资利用规模的扩张与质量的提升。第一，开发区创新了外资引进的观念。针对产业的转型升级，开发区创新了招商引资的策略，紧密关注行业领导者及产业链中的薄弱环节，将传统的"招商引资"转变为"选商引资"，强调以产业为导向的招商引资策略，以及通过实施"新上项目准入制、开工项目包保制、投产项目激励制、低效项目退出制"四项制度和"重态度、讲温度、提速度、求精度、促力度、抓进度、看巧度、展风度、拔高度"的"九度"招商工作法，开发区营造了一个优质高效的软环境，从而提高了投资主体的满意度。第二，在优化外资利用机制方面，开发区全力推进"放管服"改革，积极承接由省、市、县下放的146项审批权限。全力实施"一次告知、一窗受理、一次办结"的闭环办理模式，构建以经开区招商运营部为核心的具体负责机制，确立以利用外资为核心的分工体系和工作流程。第三，为了进一步提升外商投资企业的便利性与满意度，开发区构建了政府与企业间的沟通桥梁，并引入服务专员制度。这一举措不仅有效提高了外资企业在运营过程中的效率，还精准地解决了其所遇到的实际难题，从而极大地增加了外商在开发区内长期投资与发展的信心。

襄垣经济技术开发区通过深化区域内的龙头企业与外资企业的合作，激励外资企业增加研发投入，提高工艺和技术水平，推动外资企业实现高质量发展。2021年，园区与境外合作企业空气产品潞安（长治）有限公司的工业总产值达到5.7亿元，营业收入达到7亿元；胜科（长治）水务有限公司的工业总产值为3.8亿元，营业收入为3.5亿元。

（五）整合优化改革

随着区域经济合作的深化，产业园区作为地方经济发展的引擎，面临着前所未有的机遇与挑战。为了应对日益激烈的竞争环境，园区需要通过整合优化改革来提升自身的核心竞争力。

区域经济一体化理论主张通过区域内各国或地区之间的合作，实现资源的优化配置和市场规模的扩大。[①]对于园区改革建设而言，这一理论

---

① 宋志勇.区域经济一体化理论与实践的新探究——评《中国自由贸易区网络一体化水平与我国产业国际地位提升研究》[J].国际贸易,2024(04):101.

指导下的改革应当注重加强区域之间的政策协调与基础设施互联互通，促进生产要素自由流动，形成统一的大市场，从而增强园区的整体竞争力。

网络组织理论强调了组织之间的协作关系及其在网络中的位置对组织绩效的影响。[①]

在整合优化改革中，可以借鉴这一理论，通过建立园区之间的协作网络，促进园区间的信息共享、技术转移和业务合作，形成协同效应，提升园区集群的整体实力。

通过对上述理论的应用，园区可以更好地实现资源共享与优势互补，提升园区内部及跨区域的协同创新能力，促进经济结构的优化升级，支撑区域经济的持续健康发展。

1. "一区多园"融合发展模式（常州高新技术产业开发区）

常州高新技术产业开发区（以下简称常州高新区）与新北区共同采用"两块牌子、一套班子"的管理模式。目前，该区管辖范围包括五个镇和五个街道，内含一个省级经济开发区以及一个综合保税区。近年来，常州高新区积极整合区域内各类园区，着力打造"区政合一、一区多园"协同发展的管理架构。一是强化体制管理创新，在高新区与新北区的内部分工协调机制上，设置了"六统一、三分开"的职责分配原则。"六统一"主要针对高新区管委会的开发建设职责，高新区负责统筹新北全区资源，承担开发建设中的"统一规划、统一计划统计、统一土地利用与管理、统一重大基础设施推进、统一安置房建设、统一失地农民保障"等职责；"三分开"旨在理顺高新区管委会与新北区政府内部管理职责，实现"职能分离、领导重点分工分离、部分机构分离"。

---

①梅莉.基于复杂系统科学视角下的网络组织理论研究[J].技术经济与管理研究,2015(12):27-31.

二是坚持园区整合融合，持续优化功能布局。坚持打造"一区多园"管理架构，围绕服务"两特三新一智能"主导产业体系建设，以常州国家高新区为核心，打造"一区"主体，突出产业集群，构建滨江经济开发区、生命健康产业园区、空港产业园、现代农业产业园区、光伏产业园区、新龙国际商务区等多个功能园区，全力助推产业经济快速发展。三是厘清片区功能定位，科学实现优势互补。各功能园区采取"块"状管理模式，根据园区发展资源禀赋、产业特色，按照功能化、专业化的思路重塑高新区经济社会发展基础板块单元，持续推动功能升级和一体化进程，进一步挖掘发展潜力，有效构建各园区与镇（街道）之间优势互补、合理分工、相互支持的发展格局，加速形成以"新、强、特"为特征的高新区功能区域发展体系。

常州高新区与新北区按照"区政合一、事权统一、利益分成、逐步到位"的原则，实行"一套班子，两块牌子"，按照"精简、统一、高效"的要求，有效整合开发区经济建设优势与镇（街道）社会管理优势，整合归并政府职能，减少管理层级，降低行政运行成本，真正体现"小机构、大服务"的理念，进一步提高了工作效率。实行"区政合一"后，常州高新区进一步统筹"产业发展"与"新型城镇建设"，有效促进人口、资源、产业与公共配套设施集中发展，体现体制机制的创新活力，为破解城乡二元结构，加速形成产城一体、互动互促的发展格局探索新路径。

2.跨省共建园区的模式（苏滁现代产业园）

中新苏州工业园区开发集团股份有限公司与安徽省滁州市政府共同合作开发投资的苏滁现代产业园，采用了"双主体"管理模式。其成立的园区管理委员会作为行政管理的主体，主要负责土地征用、拆迁以及政府投资的公益性基础设施项目。同时，双方合作成立了中新苏滁开发有限公司作为开发主体，主要承担园区的规划、基础设施建设以及招商引资等任务。苏滁现代产业园通过完善管委会、中新苏滁（滁州）开发有限公司联席会议、招商工作委员会、规划建设委员会等"一会两委"工作机制，建立了高效运转的共建推进体系。2022年，苏滁现代产业获全省高新区综合评价第7名，新签约亿元以上项目38个，累计招商引资工业项目299个，协议总投资874.4亿元。

（六）营商环境优化改革

在全球化的浪潮下，各地区经济竞争的白热化趋势越发明显，而一个优质的营商环境则成为推动区域经济发展的关键要素。为了使园区能够在激烈的市场竞争中脱颖而出，必须不断优化其营商环境，使之更加高效、便捷且具有吸引力。

波特钻石模型指出，一个国家或地区的竞争优势取决于四个关键因素：生产要素、需求状况、相关和支持产业、企业的战略结构和竞争。[①]对于园区来说，这意味着需要从多个维度出发，不仅要提升自身的硬件设施，如交通网络、通信技术等，还要营造良好的软件环境，如提供优质的服务、构建高效的管理机制等，以吸引并维系杰出企业与人才。

政府治理理论强调政府在市场中的作用，特别是在促进市场公平竞争、保护产权、维护公共秩序等方面的重要性。[②]在园区营商环境的优化

---

① 魏和清,周庆岸.文化产业数字化水平测度及时空演化特征分析[J].统计与决策,2023,39(01):23-28.
② 张双鹏,刘凤委.公共危机中的政府协作治理能力——中国省级新冠肺炎疫情防控的文本分析[J].经济理论与经济管理,2021,41(05):17-31.

过程中，政府应积极发挥其引导职能，制定并实施合理的政策法规，简化行政审批流程，降低企业运营成本，为园区内的企业提供一个公平、透明的竞争环境。

结合波特钻石模型、政府治理理论分析和指导实践改革措施，可以有效提升园区的综合竞争力，吸引更多高质量的投资项目，进而推动园区乃至整个地区经济的繁荣与发展。

1.优化审批制度，打造一流营商环境（徐州经济技术开发区）

徐州经济技术开发区以增强企业满意度和获得感为主要导向，实现标准升级、功能升级、服务升级，为打造最优营商环境助力加码。一是标准升级，力争5个工作日办结常态化业务。加快企业开办"一件事"标准化建设，对登记事项、办事流程进行"拆解"，颗粒化梳理每个要件的审查要点、样表示例、文书模板，整理编制出标准化业务指南。固化审批流程，细化裁量标准，变"经验受理"为"标准办理"，保证企业开办服务"整齐划一"。同时线上线下协同办理。保证线上全程网上办理，线下全程免费导办、代办，为企业量身打造个性化服务，全力压缩办理时限，企业开办时限从1个工作日压缩至0.5个工作日。二是功能升级，实现一站式审批智能化，打造"全链通"办+"智能秒批"模式。依托"全链通"网上办事专区，灵活运用电脑PC、手机App和自助机3个终端，保证全流程"全天候、零见面、一网办"。三是服务升级，提升"一次性办成"便利度。徐州经济技术开发区从实际出发，提供全程电子化预约服务，通过电话、微信、QQ主动为企业预约业务办理时间，"一次性告知"办理条件，前瞻性解决审批难点堵点，以"一次性告知"促"一次性办成"，避免业务扎堆办理，减少企业跑趟次数和等待时间，确保企业一次办成，提升企业办事体验。

徐州经济技术开发区以开展营商环境系统集成改革试点为契机，创新推行"e窗行"改革，全力推进开办企业"一网通办"，持续打磨服务细节，优化服务流程，为企业员工提供肩并肩、心贴心的服务新体验，进一步提高了员工满意度和获得感。

2.创新执法模式，推动治理能力现代化（常州经济开发区）

常州经济开发区积极打造一支管理高效能、服务高质量的行政执法队伍，为创建优美的城市形象和城市环境打下了坚实的基础。始终将服务发展大局放在核心位置，坚决打击任何违法违规行为，积极引导企业自发地诚实守信、以信誉立业，确保其依法依规进行生产经营活动，促进构建一种亲近而清廉的新型政商关系，从而优化园区的营商环境。为提高开发区行政执法能力，常州经济开发区按照"重心下移、服务前移"的原则，向镇（街道）派驻综合行政执法中队，与镇（街道）综合行政执法或城管工作机构合署办公，并将建设、卫健、农业农村、市场监管、城市管理五大领域最常见的1000项行政处罚权力事项下放至派驻中队，使得镇（街道）综合行政执法功能得到加强。

3.外国人来华一站式服务专窗（盐城经济技术开发区）

盐城经济技术开发区（以下简称盐城经开区）秉持服务企业与民众实际需求的理念，持续深化"放管服"改革，竭力推动外国人在华工作及居留手续的"一站式"改革进程。首先，着力推进审批授权工作。作为中韩（盐城）产业园产城融合的关键区域，盐城经开区聚集了大量韩资企业，全市超过80%的韩国籍人士在该区域就业。为了进一步提升对外籍人才的服务质量，有效解决他们在就业及办理工作证过程中面临的烦琐程序和奔波劳碌的问题，盐城经开区主动争取并推动审批授权的实施。在省、市相关部门的积极协助下，盐城经开区正式获得行使外籍人士来华工作许可审批的权限，此举极大地简化了企业办理审批手续的流程。其次，加强相关企业业务指导。盐城经开区对区内相关企业进行了多次政策解读和业务培训，以保证企业能够顺利承接外国人来华工作许可业务。在培训中，深入分析了业务处理过程中的常见错误，并针对企业在办理业务时所面临的问题，提供了详细的解答。这一措施有助于企业及用人单位更深入地了解人才签证和外国人来华工作许可的申请流程，显著提高外国人来华管理服务的工作效率和质量。最后，推进审批流程的优化，实现"一站式"办理。为了进一步简化区内外籍人才在办理工作许可、居留许可等涉外审批手续时的流程，盐城经开区积极打破各部门之间的界限，探索新的服务模式。行政审批局负责统筹协调公安、科技、人社三个部门的相关业务，成功在全省范围内率先设立"外国人来华一站式服务专窗"。

盐城经开区设立的"外国人来华一站式服务专窗"，切实实现了"减环节、减时间、减材料、减跑路"，有效解决了审批与监管之间的脱节问题。在专窗设立之前，外籍人士在办理工作许可与居留许可时，必须分别前往办理工作许可窗口和办理居留许可窗口，进行四次业务办理。设立专窗后，申请人仅需前往单一窗口，即可一次性提交申请工作许可及居留许可所需的所有材料。在办理过程中，开发区政务中心的工作人员将负责内部资料流转，以最快的速度同步完成工作许可与居留许可的审批工作。同时，进一步缩短办理时限，法定办理时间已经由原先规定的15个工作日缩短至4个工作日。此举真正实现了简化办事流程，提升办事效率。自2021年1月设立以来，该专窗已累计处理新进、转聘、注销等各类事务600余件，极大地便利了外籍人才在本区的工作，赢得了区内企业的广泛赞誉。

（七）项目建设改革

随着我国经济结构转型的深入推进，产业园区作为区域经济增长的重要引擎，其项目的建设与管理水平直接影响到园区的整体竞争力和发展潜力。然而，在实际操作中，许多园区在项目规划、建设、管理和运营方面仍然存在不少问题，如流程复杂、效率低下、资源配置不合理等。为此，推进园区项目建设改革，提高项目的实施效率与效果，成为当前园区发展面临的一项重要任务。

项目管理理论强调了在限定的时间、成本和质量条件下，有效地组织和控制项目资源，以达成既定的目标。[1]对于园区项目而言，这就意味着要建立一套科学的项目管理体系，包括明确的目标设定、合理的进度安排、有效的成本控制以及质量保证机制。

协同理论则关注不同部门、机构之间的协作与整合，强调通过合作发挥大于部分之和的整体效应。[2]

在园区项目的建设改革中，协同理论的应用可以帮助打破部门壁垒，促进信息共享和技术交流，形成合力，从而提高项目实施的成功率和效率。

通过上述理论的应用，园区可以更好地协调各方资源，优化项目建设流程，提升管理水平，最终实现项目的高效推进，为园区的持续发展奠定坚实的基础。

---

[1]李永奎,盛昭瀚,丁荣贵,等.基于复杂系统思维的国际重大项目治理："一带一路"视域下的创新思考[J].中国软科学,2023(11):12-22.

[2]张鸣哲,张京祥,何鹤鸣.基于协同理论的城市众创空间集群形成机制研究——以杭州市为例[J].城市发展研究,2019,26(07):29-36.

1. "六点五段"全周期高效率推进项目建设（山西转型综合改革示范区）

2022年，山西转型综合改革示范区严格执行"项目是第一支撑"的战略方针，致力于服务企业、推动项目建设，并以此为立足点。同时，示范区以协调解决发展过程中的问题为工作重点，将督查督办与绩效评价机制作为推动工作的核心工具，确保以高质量项目引领全面高质量发展。第一，示范区建立了项目推进计划图表，确保项目按照"六点五段"（即洽谈、签约、落地、开工、建设、投产）的流程有序进行，实现各阶段的有效衔接。针对示范区内产业项目的全生命周期服务实施，对于重点项目，制订并执行专门的推进计划。该计划根据项目特点定制动态的推进方案及统一的信息通报清单，显著减少了从项目洽谈、签约直至落地建设的各项流程所需时间。第二，确立了领导干部负责制的项目推进专项工作小组机制。为此，编制了包含150个重点项目的领导联系名单，对每个重点项目指定负责领导，并组建专门的工作团队。此举旨在实现对企业的全面服务支持，确保能够即时掌握重点项目的推进状况，以及在出现问题时能够迅速进行协调和督办，从而保障重点项目的高效推进。第三，坚持以项目全生命周期服务为出发点，针对项目实施过程中所遇难点及瓶颈问题，迅速开展协调与解决工作。与此同时，采取项目"预警审核、现场监督、进度报告"三位一体的管理模式。示范区通过贯彻落实调度例会、重大事项调度、项目现场办公、经济运行分析等会议制度，确立解决问题的具体措施、明确时间限制及责任归属，并将相关问题纳入监督与审核机制，确保项目推进过程中的难点和痛点得到有效解决。

在2021年，山西转型综合改革示范区内182个重点项目和企业所面临的规划、土地、审批等方面的难点、堵点、痛点，共计565个问题得到协调解决。其中，415个问题已成功解决，解决率达到73.45%。同时，122家企业面临的问题已全部得到处理。由此可见，这些举措显著提升了项目推进的效率，并大幅提高了企业满意度。

2.工程建设项目审批制度改革（溧阳高新技术产业开发区）

溧阳高新技术产业开发区（以下简称溧阳高新区）坚定不移地视行政审批制度改革为职能转变的重要突破口与核心驱动力，针对建设工程项目在评价评审过程中出现的环节复杂、耗时冗长、收费无序等痛点问题，积极策划并实施工程建设项目审批制度的全方位改革。一是实施一系列即来即办事项。对于节能承诺表、环评登记表等，实行现场即时办理。对于挂牌出让的地块，在用地单位缴纳土地出让金之后，用地规划许可证、不动产权证书（土地证）等当日予以办结。二是推进"信用承诺制"改革。按照"准入有条件、建设双承诺、监管有制度"的要求，对于符合"信用承诺制"准入条件及相关标准的产业类重大项目，建设单位在签订具有法律效力的承诺合同并取得图审技术性审查意见后，于全流程10个工作日内发放施工登记函，助推重大项目早日开工。三是推进施工图审查制度改革。结合"信用承诺制"实施办法，制定施工图审查豁免清单，探索实施社会投资的低风险产业类等项目时，施工图审查合格证书将不再作为信用承诺制施工登记函的前置条件。

2021年，溧阳高新区在工业项目审批方面实现了常态化的"1220"改革目标，成功完成了280个全流程企业开办，平均耗时仅为0.6个工作日，共办理完成38件施工许可证（其中工业项目24件、民用项目14件）。项目从立项至取得施工许可证，平均审批用时9.4个工作日。溧阳高新区通过容缺后补、信用承诺、分阶段核发施工许可等措施，为项目量身打造了最优最快流程，在现有固定模式中探索出了一条最快开工的解决道路。

二、国外经验

进入20世纪后，随着全球经济一体化进程的加速和国际贸易规则的逐步完善，国外园区的大规模改革进入了一个新的阶段。各国开始根据自身经济发展战略和国际贸易环境的变化，对园区进行更加深入和全面的改革。这些改革包括优化园区产业结构、提升园区创新能力、加强园区国际合作等方面，旨在提高园区的综合竞争力和可持续发展能力。

当前，国外园区的改革呈现出以下四个趋势：

一是创新驱动。当前，国外园区越来越注重科技创新，通过研发新技术和提升产业链水平，推动园区向高端化、智能化和绿色化发展。[1]这意味着企业不仅要在产品和服务上进行创新，还要在生产流程和管理模式上引入智能化技术，以提升整体竞争力。[2]新加坡纬壹科技城通过采用多种数字技术和建立协同创新机制，在全球科技领域占据重要地位。而西班牙毕尔巴鄂工业区则通过引入多元文化、优化产业布局和注重公共空间的建设，有效促进了区域经济发展和城市文化振兴。

二是国际合作。园区通过加强与国际组织的合作与交流，吸引跨国公司和外资机构入驻，形成开放的经济生态。这种合作不仅能够带来资金和技术的输入，还能促进经验的分享，提升园区的国际影响力和创新

---

[1]范明丽.两化融合背景下工业经济高质量发展研究[J].现代工业经济和信息化,2024,14(08):14-16.

[2]王缉慈,朱凯.国外产业园区相关理论及其对中国的启示[J].国际城市规划,2018,33(02):1-7.

能力。①例如柬埔寨共建"一带一路"重要项目——西哈努克港经济特区，通过产业链招商转型，引入龙头企业，形成了产业链上下游联动的产业格局，同时借助海外企业的入驻，推动进出口贸易显著增长，提升了当地居民的生活水平。

三是可持续发展。可持续性日益成为园区发展的核心。强调环境保护和生态建设，推动经济、社会与环境的协调发展，意味着园区在发展过程中需要考虑资源的合理利用和生态系统的保护，从而实现长期的健康发展。②基于环境库兹涅茨曲线理论，外国园区倾向于从资源密集型向环境友好型转变，推动减排和环境改善。同时，遵循循环经济原则，通过"减量化、再利用、资源化"提升资源利用率，形成经济与环境的良性互动。例如丹麦卡伦堡生态工业园区和日本北九州生态工业园区通过产业共生、资源高效利用，创造了经济与环境双赢的可能性。

四是法治化建设。完善园区内的法律法规体系，确保企业和个人的合法权益，是推动园区健康发展的重要基础。通过建立透明和公正的法律框架，提升企业的信任感和安全感，进而吸引更多的投资和人才。③尼日利亚莱基自贸区通过全面税收减免和外汇自由政策，吸引投资并提升运营效率，促进了园区经济多元化。新加坡裕廊工业区则通过政府主导与市场化运作相结合，提供一站式服务，优化管理，提高了投资吸引力，形成了完整的产业体系。两者都展示了灵活的治理模式和有效的法治建设对经济发展的重要性。

①刘佳骏.中国海外合作产业园区高质量建设评价体系研究[J].国际经济合作,2021(03):59-67.
②彭思伟,王兴平.可持续运营导向下境外产业园区规划实施评估研究——以中阿产能合作示范园为例[J/OL].国际城市规划,[2024-04-15]:1-13.
③陈希.产业园区的智慧化转型及评价[J].科技进步与对策,2015,32(10):114-118.

（一）数字化智能化改革

随着信息技术的迅猛发展，园区数字化改革已成为推动产业升级与城市管理智能化的必然选择。基于数字化转型理论，园区通过引入数字技术，不仅能将传统业务流程优化升级，还能重构业务模式与组织架构，提高运营效率和服务质量。基于创新生态系统的理念，园区致力于构建一个数字化的桥梁，促进企业、高等教育机构与科研单位之间的紧密协作与创新共享，进而加快科技成果的商业化进程，实现生产力的飞跃。例如，通过建设"一站式"服务中心，简化企业从注册到运营的全过程，降低交易成本和时间成本。数字化转型与创新生态系统的融合发展，正推动园区向着更加智能、高效的方向前进，成为区域经济发展的新引擎。

1.德国阿德勒斯霍夫科技园区

德国阿德勒斯霍夫科技园区坐落于柏林市东南部，建设始于1991年，占地面积达4.2平方公里，并在政府的扶持下实现了迅猛发展。园区产业多元，涵盖光子学、可再生能源等领域，同时拥有众多知名科研机构，吸引了超1200家企业入驻。在数字改革方面，德国阿德勒斯霍夫科技园区建设了高速光纤网络和数据中心，实行智能能源管理，打造了智慧交通系统，搭建了数字化服务平台。基于此，园区提供了大量就业岗位，推动了经济发展，是产业园区可持续发展的典范，在全球科技领域占据了重要地位。

科研机构与企业紧密结合。园区内有洪堡大学的多个科学研究所、亥姆霍兹研究中心、莱布尼茨研究所以及弗劳恩霍夫研究所等世界知名科研机构。这些科研机构与企业联系紧密，例如高等教育机构及科研机构在企业生产车间内部设立实验室，科研人员与工程师共同组成研发团队，致力于共同攻克技术难题，使得实验室中的新技术能够迅速在生产线上进行检验和应用，显著提升了技术转化的效率。

成立技术中心。园区建立了微系统技术中心、生物技术与环境中心等多个专业技术中心。这些技术中心为企业提供优质的技术设施、设备齐全的实验室以及专业的技术支持，包括产品研发、组装和测试等服务，帮助企业提升技术水平和创新能力。

智能交通引进。园区引入智能交通信号灯系统，该系统能够根据实时交通流量自动调整信号灯时间。借助在道路关键地点安装的传感器，对车辆通行状况进行精确监测，一旦发现某一方向车流量增大，交通信号灯将自动调整，通过延长该方向绿灯时长的方式，间接有效缩短车辆等待时间，进而显著提升道路通行效率。根据统计数据，车辆在园区主要道路的通行时间平均减少了30%，有效减轻了交通拥堵的压力。

智能停车管理。园区建设了智能停车场。利用传感器实时监测车位使用情况，并通过移动应用程序向用户提供准确的车位信息和导航服务。用户可以提前了解停车场的空位分布，快速找到合适的停车位，避免因寻找车位而产生无效交通流量。同时，智能停车场还支持在线预订车位和无感支付等功能，为用户提供了便捷的停车体验。

出行方式引导。园区开发了交通出行综合服务平台。该平台整合了公共交通、共享单车、步行等多种出行方式的信息，为用户提供个性化的出行方案。对于短距离出行，平台会推荐步行或共享单车；对于中远距离出行，会提供公共交通的线路规划和实时到站信息。此举不仅提升了出行的便捷性，还促进了绿色出行方式的采纳，降低了私人汽车的使用频率，进而缓解了交通拥堵和环境污染问题。

交通安全保障。园区安装了智能交通监控设备。这些设备能够实时监测道路上的交通状况，及时发现交通事故和交通违法行为。若发生意外事故，系统会即刻启动报警程序，并迅速向责任部门发出处理通知，从而大幅度缩减事故响应的时长，提高事故处理的效率。此外，系统自动对交通违规行为进行监控并执行处罚，有力地维护了交通秩序，降低了交通事故的发生概率。

2.新加坡纬壹科技城

新加坡纬壹科技城坐落于新加坡西南部，于2001年启动建设，占地2平方公里。这里汇聚生物医药、信息通信技术等前沿领域产业，形成了充满活力的创新生态系统，并且拥有高速光纤网络等智能基础设施。科技城年总营业额为数十亿美元，某知名生物医药企业在科技城的年营业额超1亿美元且持续增长。同时，科技城提供了近5万个工作岗位，带动了周边经济，就业人员消费每年产生数亿新元效益，使得其周边房地产价值不断上升，商业写字楼售价从每平方米5000新元涨至8000新元以上，住宅价格也大幅增长，为投资者带来可观收益，充分展现出强大的经济活力和发展潜力。

融合数字技术与多种产业。数字技术与生物医药、信息通信技术、数字媒体等产业深度融合。在生物医药领域，利用大数据分析和人工智能加速药物研发进程，通过对大量临床数据的挖掘，更精准地确定药物靶点和预测药物疗效。例如，一些生物医药企业借助数字技术，将药物研发时间缩短了数月甚至数年。在信息通信技术方面，吸引了众多科技巨头设立研发中心，推动5G、物联网等前沿技术的应用和创新。数字媒体产业则利用虚拟现实、增强现实等技术，打造沉浸式的媒体体验。

打造特色产业园区。科技城内设有不同的特色产业园区，如启汇园专注于信息通信技术和数字媒体，生物园聚焦生物医药产业。这些园区为相关产业提供了专业化的基础设施和服务，促进了产业的集聚和协同发展。

数字化研发平台。园区搭建了数字化的研发平台，为企业提供技术研发、测试、验证等服务。例如，在信息通信技术领域，设立了 5G 测试平台，企业可以在平台上进行 5G 应用的开发和测试，加速 5G 技术的商业化进程。在生物医药领域，提供数字化的实验室管理系统，提高实验效率和数据准确性。

协同创新平台。园区建立了协同创新平台，促进企业、科研机构和高校之间的合作与交流。平台通过数字化手段，实现项目对接、资源共享和知识传播。例如，企业可以在平台上发布技术需求，科研机构和高校则可以提供解决方案，共同开展研发项目。这种协同创新模式加速了技术的转化和应用，推动了产业的发展。

创业孵化平台。科技城内设有多个创业孵化平台，为初创企业提供资金、技术、市场等方面的支持。这些平台利用数字化工具，为创业者提供在线培训、导师指导、投资对接等服务。例如，通过视频会议和在线课程，创业者可以随时随地获取创业知识和经验；利用大数据分析，平台可以为创业者推荐合适的投资人和合作伙伴。

（二）文化创意导入改革

随着全球化进程的加快和消费者需求的多样化，园区文化创意改革已成为推动区域经济多元化和提升城市软实力的重要手段。根据克里斯塔勒的中心地理论，文化创意园区作为文化和创意产业的集聚地，能够有效地吸引人才、资本和信息流，形成辐射效应，带动周边区域的发展。此外，波特的产业集群理论也指出，通过构建良好的产业生态系统，园区可以促进企业间的合作与竞争，激发创新活力。基于这两个理论，园区文化创意改革不仅意味着对传统业态的重塑，还包括引进多元文化元素，打造特色鲜明的文化地标，以及构建开放共享的创意平台。

1.西班牙毕尔巴鄂工业区

毕尔巴鄂，坐落于西班牙北部，曾是历史悠久的工业重镇，以铁矿石的出口及钢铁制造业著称。然而，自20世纪80年代起，由于航运路线的转移以及劳动力需求的转变，该城市逐渐面临衰退的困境。特别是1983年发生的严重洪灾，进一步加剧了该地区产业及城市发展的灾难性危机。自20世纪90年代起，毕尔巴鄂启动了一项以文化、艺术和旅游设施建设为核心的综合性城市复兴计划。该计划包括与19家科研机构及私营企业合作，通过公私合作伙伴关系成立了BM30协会。同时，当地储蓄银行BBK为艺术展览馆等文化艺术品旗舰项目的建设提供了资金援助。特别值得强调的是，1991年西班牙政府与古根海姆基金会共同邀请美国建筑大师弗兰克·盖里设计古根海姆博物馆，从而塑造了该地区的标志性建筑。借助"古根海姆效应"，该地区还吸引了多位世界级建筑师参与设计，其设计项目包括日本建筑大师矶崎新设计的塔楼以及法国设计师菲利普·斯塔克对废弃红酒仓库的改造项目。

该城市的复兴计划取得了显著成效。建筑与博物馆的运营为城市带来了逾亿欧元的经济收益，其中门票收入占据了税收总额的4%，并且促进了相关产业收益增长超过20%。与此同时，该地区催生了超过2000家文化创意企业，其增长速度是其他产业的十倍。在20年的时间里，该城市的工业产值在GDP中的比重从49%降至27%，而服务业的比重则从36%跃升至62%。2010年，毕尔巴鄂荣获被誉为城市诺贝尔奖的"李光耀世界城市奖"，成为以文化创意推动区域转型的典范。

2.德国柏林RAW-Gelände

RAW-Gelände原为德国铁路公司的大型工厂，随着城市产业结构的调整和铁路技术的更新换代，逐渐沦为废弃之地。RAW-Gelände的改革团队采取了保留与改造并重的策略，将原有的工业建筑和部分设备通过现代设计手法进行翻新和装饰，使其既保留了历史痕迹，又符合现代审美和功能需求。同时，为了吸引不同类型的创意人才和企业入驻，RAW-Gelände引入了多元化的业态布局。园区内不仅有艺术工作室、画廊和展览馆，还有创业孵化器、时尚店铺、餐饮娱乐场所等配套设施。这种多元化的业态布局不仅满足了不同人群的需求，还促进了园区内创意产业的交流与融合。另外，RAW-Gelände注重公共空间的打造，为市民和游客提供了丰富的文化活动和休闲场所。园区内设有露天广场、艺术装置和互动体验区等，定期举办音乐会、艺术展览、市集等文化活动，吸引了大量人流和关注。

经过一系列的文化创意改革措施，RAW-Gelände从一个废弃的工业遗址转变为一个充满活力和创造力的文化园区。它不仅为柏林市的文化创意产业注入了新的活力，还提升了城市的国际知名度和影响力。通过合理的规划和创新思维，RAW-Gelände的工业遗产获得了新生，成为推动城市文化发展的重要力量。

（三）绿色化改革

在当今全球倡导可持续发展的背景下，园区绿色改革成为推动经济与环境和谐共生的关键途径。基于环境库兹涅茨曲线理论，园区经历了从资源密集型发展模式向环境友好型转变的过程，随着经济的增长，社会对环境保护的认识日益增强，促使园区采取一系列减排措施，改善环境。同时，园区绿色改革还遵循循环经济理论，通过遵循"减量化、再利用、资源化"原则，提高资源利用率，减少废物排放，实现经济与环境的良性互动。这些理论指导下的实践，不仅能够促进园区内部资源的高效循环利用，还为全球经济向绿色发展转型提供了有益的参考模型。

1.丹麦卡伦堡生态工业园区

位于西兰岛卡伦堡市的丹麦卡伦堡生态工业园区，距离哥本哈根市约100公里。该园区以发电站、炼油厂、药品制造厂及石膏板生产厂为主要的支柱企业。企业间通过商业交易，相互转化生产过程中产生的废弃物或副产品，从而形成了紧密相连的产业共生体系，使得园区内实现了资源的循环再利用及能源的多级化管理。卡伦堡生态工业园区成为全球可持续发展的典范，不仅收获了显著的经济和环境效益，还为全球可持续发展提供了珍贵的实践案例。

企业间的紧密合作与资源共享。园区内有电厂、炼油厂、制药厂及石膏板厂等多样化企业。在生产环节中，这些企业会产生各类副产品和废弃物，依托产业共生模式，它们将这些原本可能成为负担的物质转换成了具有价值的资源。企业之间形成了错综复杂且效率极高的资源互享体系。譬如，电厂排放的蒸汽被输往炼油厂及制药厂，以满足它们在生产过程中的能源需求；炼油厂产生的过剩燃气则被传输至电厂和石膏板厂，作为燃料。此类资源互享降低了企业生产成本并减少了企业对区外能源的依赖。同时，园区内各企业的副产品均得到了最大限度的再利用。例如，经处理，制药厂排出的有机污泥被作为肥料提供给邻近的农场使用，这不仅减少了废弃物的排放，还降低了生产成本。

能源的高效利用与梯级利用。电厂在卡伦堡生态工业园区中扮演着能源中心的角色。它通过燃烧煤炭等燃料产生电力和蒸汽，为园区内的其他企业提供能源支持。同时，电厂进一步提高能源利用效率，通过对产生的余热进行回收利用，使园区内实现了能源的梯级利用。例如，电厂产生的高温蒸汽先用于发电，然后将温度较低的蒸汽供应给炼油厂和制药厂等企业用于生产过程中的加热或制冷；最后，剩余的热量可以用于为周边居民供热。这种能源梯级利用方式显著提高了能源的利用效率，减少了能源的浪费。除了传统的化石能源，卡伦堡生态工业园区还积极应用可再生能源。例如，利用风力发电为园区内的部分企业供应电力，进一步提高园区的能源自给能力。

环境效益与可持续发展。产业共生模式使得园区内的企业能够最大限度地减少废弃物的排放。通过资源的循环利用和副产品的再利用，许多原本会被丢弃的物质得到了有效的利用，降低了对环境造成的压力。企业间的紧密合作和资源共享还降低了环境风险。例如，炼油厂产生的有害废弃物可以通过安全的方式输送到专门的处理企业进行处理，避免了对环境的污染；同时，园区内的企业还共同建立了环境监测和应急响应机制，能够及时应对可能出现的环境问题。卡伦堡生态工业园区的产业共生模式为企业可持续发展提供了范例。该园区在追求经济发展的同时，也承担了环境保护的责任，其通过资源的高效利用与废弃物的最小化排放，为工业树立了一个可持续发展的典范，引领着未来的发展方向。

水资源的循环利用。园区内的企业通过建立水交换网络，实现了水资源的循环利用。例如，电厂的排水在经过进一步处理后，可用于农业灌溉或其他对水质要求较低的用途。同时，园区内建设了中水回用系统，将生活污水和部分工业废水进行处理后，用于绿化灌溉、道路冲洗等非饮用水用途。这不仅减少了对新鲜水资源的需求，还降低了废水排放对环境的影响。卡伦堡生态工业园区还注重雨水的收集与利用。通过建设雨水收集设施，将雨水储存起来，作为园区内的景观用水、消防用水等。在干旱季节，雨水收集系统可以为园区提供一定的水资源保障。

水资源的高效利用。园区内的企业积极采用先进的节水技术和设备，提高了水资源的利用效率。例如，在工业生产过程中，采用高效的冷却系统和水循环系统，减少水的消耗；在生活用水方面，推广使用节水型器具，如节水马桶、水龙头等。企业通过对生产工艺的改进和优化，降低了对水资源的需求。例如，一些企业采用干法生产工艺，减少了生产过程中的用水环节；还有一些企业通过提高产品质量，减少了因产品不合格导致的水资源浪费。园区还建立了完善的水资源管理与监控体系，对企业的用水情况进行实时监测和管理。通过数据分析和评估，及时发现水资源浪费的环节，并采取相应的措施进行改进。同时，园区还制定了严格的水资源管理制度，对企业的用水指标进行量化考核，确保水资源的高效利用。

生态湿地的建设与利用。卡伦堡生态工业园区建设了生态湿地，用于处理部分工业废水和生活污水。生态湿地通过自然生态系统的净化作用，将污水中的有机物、氮、磷等污染物去除，使水质得到改善。同时，生态湿地还为野生动植物提供了栖息地，促进了生态系统的恢复和保护。生态湿地在水资源管理中还起到了调蓄和净化的作用。在雨季，生态湿地可以储存大量的雨水，减少洪水对园区的影响；在旱季，湿地中的水可以缓慢释放，为园区提供一定的水资源保障。此外，生态湿地中的植物和微生物还可以对水中的污染物进行进一步的净化，提高水质。

2.日本北九州生态工业园区

日本北九州生态工业园区坐落于北九州若松区响滩，濒临日本海，园区的形成得益于围海造田工程。作为日本政府批准的首个生态工业园区，该园区与邻近的北九州学术研究区紧密协作，全面推动环境领域的教育、基础研究，技术与实证研究，以及环保产业的振兴战略，为九州地区的环境治理和生态文明建设作出了重要贡献。园区由两大核心区域和四大区块组成。核心区域之一是综合环境联合体和研究实验区，此区域专注于推动生态环保与循环经济产业的蓬勃发展。借助政府、企业及学术界的深入合作，为园区内的循环经济企业提供有力的技术支持，共同促进可持续发展。核心区域之二是再生资源加工区，细分为汽车再生领域和新技术研发领域。该园区的特色在于政府的引导与公众的参与相结合、产学研的融合、信息的透明度以及其在国际上的显著效益。政府、企业与市民之间通过积极的沟通，就潜在风险进行双向交流，旨在增进相互理解并减少风险。同时，通过相关独立法人研修协作机构的技术输出，北九州生态工业园区在国际上赢得了广泛的认可。在社会效益方面，园区周边居民的生活环境得到了显著改善。此外，该园区在国际上树立了良好的形象，成为其他国家效仿的典范。

完善的回收体系。园区建立了细致的废弃物分类回收系统。针对不同类型的废弃物，如废旧金属、塑料、纸张、玻璃等，分别设置了专门的回收渠道和容器。居民和企业被要求严格按照分类标准投放废弃物，确保回收的高效性。例如，在居民区设置不同颜色的垃圾桶，分别对应不同种类的废弃物，同时通过宣传教育提高民众的分类意识。除了常规的垃圾回收点，园区还设立了多个定点回收中心，专门回收特定种类的废弃物。例如，针对废旧家电、废旧汽车等大型废弃物，设置专门的回收站点。这些定点回收中心配备专业的设备和人员，能够对废弃物进行初步的处理和分类，为后续的再利用做好准备。园区内的企业之间建立了紧密的合作关系，共同开展废弃物回收工作。例如，一家生产电子产品的企业可以将生产过程中产生的废旧电子元件提供给专门的电子废弃物回收企业进行处理；而一家汽车制造企业则可以将废旧汽车零部件提供给汽车再生企业进行再利用。这种企业合作回收的模式，不仅提高了废弃物的回收效率，还降低了企业的生产成本。

先进的再利用技术。材料回收与再加工，对于回收的废弃物，园区采用先进的技术进行材料回收和再加工。例如，对于废旧塑料，通过分拣、清洗、粉碎等工艺，将其加工成塑料颗粒，然后再用于生产塑料制品。对于废旧金属，则通过熔炼、精炼等工艺，将其加工成新的金属材料。这些再加工过程不仅减少了对自然资源的依赖，还降低了废弃物对环境的影响。除了材料回收，园区还注重能源回收与利用。对于一些难以进行材料回收的废弃物，如生活垃圾、污泥等，园区采用焚烧等方式进行能源回收，通过先进的焚烧技术，将废弃物转化为热能和电能，为园区内的企业和居民提供能源供应。同时，焚烧过程中产生的废气和废渣也经过严格的处理，确保对环境的影响最小化。对于有机废弃物，如厨余垃圾、园林废弃物等，园区采用生物降解和堆肥的方式进行处理。通过微生物的作用，将有机废弃物转化为有机肥料，用于农业生产和园林绿化。这种处理方式不仅实现了废弃物的再利用，还减少了化学肥料的使用，对环境保护具有重要意义。

环境教育设施与活动。园区内设有生态博物馆，展示北九州地区的环境变迁历史、生态工业园区的建设历程以及废弃物回收与再利用的技术和成果。博物馆通过图片、实物、多媒体等多种形式，向公众生动地展示了环境保护的重要性和循环经济的理念。同时，园区还建立了环保教育中心，为学校、企业和社会团体提供环境教育课程和培训。教育中心的课程内容丰富多样，包括环保知识讲座、实地考察、实验演示等，旨在提高公众的环保意识和实践能力。并且，园区定期举办各种环保主题活动，如环保展览、科普讲座、亲子活动等。这些活动吸引了大量的公众参与，通过互动体验的方式，让公众更加深入地了解环境保护和循环经济的知识。

公众参与机制。园区通过组织志愿者活动，积极促进公众参与园区环境治理及生态建设。志愿者得以涉足废弃物回收、植树造林、环境监测等领域，为园区的可持续发展贡献己力。同时，构建公众监督体系，激励公众对园区内企业的环境行为进行监督。公众可通过举报电话、电子邮件等途径，向园区管理部门揭露企业的环境问题，以推动企业强化环境管理。在园区规划与建设的进程中，园区广泛吸纳公众的意见与建议。

企业与公众的合作。园区内的企业定期举办开放日活动，邀请公众参观企业的生产过程和环保设施，通过开放日活动，让公众了解企业的环境管理措施和循环经济实践，增强公众对企业的信任和支持。园区鼓励企业和公众进行绿色采购，选择环保产品和服务。园区内的企业积极推广绿色产品，如再生材料制品、节能电器等，引导公众形成绿色消费观念。园区与周边社区建立了紧密的合作关系，共同开展环境治理和生态建设活动。例如，企业与社区合作开展垃圾分类宣传活动，提高居民的环保意识；同时，企业还为社区提供环保设施和服务，改善社区的环境。

（四）政策创新和优惠改革

在应对复杂且不断变化的经济社会环境时，政策的创新与改革成为促进国家治理体系和治理能力现代化的核心要素。根据公共选择理论，政府在制定政策时应当考虑到不同利益主体的需求，通过透明公正的决策程序，确保政策的公平性和有效性。此外，创新型政策管理理论强调，公共政策活动应当具备灵活性和前瞻性，以适应不断变化的社会需求和促进技术进步。结合这两种理论，政策创新改革不仅要求政府在制度层面进行突破，还需要在实践中探索更为灵活高效的治理模式，以促进经济社会的持续健康发展。通过政策创新改革，政府能够更好地回应民众诉求，提升公共服务质量和效率，实现国家治理体系的现代化。

1.新加坡裕廊工业区

新加坡裕廊工业区作为世界著名的"花园工业镇"，其成功发展离不开政府主导与市场化运作的紧密结合。新加坡政府设立了国家经济发展局（EDB），以统筹全国的经济开发事务。其中，裕廊地区被选定为关键发展区域，政府规划了6480公顷的土地用于建设裕廊工业园。为支持该项目的初期建设，政府特别拨款1亿新元，专项用于基础设施的完善，包括公路网络的构建、电力供应的保障以及供水系统的建立等，这些举措为工业园区的长期繁荣奠定了稳固的基础。随着裕廊工业区的逐步发展，管理事务日益复杂。经济发展局工业园区部独立出来，成立了裕廊镇管理局（JTC），专门负责经营管理裕廊工业区和全国其他各工业区。这一调整使得管理更加专业化、高效化。裕廊镇管理局虽然具有政府背景，但实质上是一个房地产开发商及专业服务提供商，采用公司化运作模式。这种模式使得管理局在资金筹集、土地运用、招商引资等方面具有更大的灵活性和自主性。

裕廊镇管理局通过在世界各地设立分支机构，实施高度自主的营销策略，成功吸引了跨国企业的投资。该局提供的"一站式"服务，涵盖了投资许可、营业执照、城市规划与建设设计许可等多项内容，显著降低了企业的交易成本和时间成本。裕廊工业区依据其独特的地理位置和资源特性，以及国际产业发展的趋势和机遇，持续优化产业结构和发展战略。目前，裕廊工业区已构建起完善的石油和化学工业体系，吸引了诸如壳牌、埃克森美孚、杜邦等全球知名的石油、石化和特种化工企业入驻，形成了显著的产业集聚效应。另外，裕廊工业区采用动态的土地出租制度，土地出租的年限根据企业的投资强度确定，租金每年都会进行动态调整。这种制度确保了土地的高效利用和企业的持续投资。政府投入大量资金建设现代化公路网、电厂、港口等基础设施，为工业区的发展提供了有力保障。

2.尼日利亚莱基自贸区

尼日利亚莱基自贸区作为中非经贸合作的重要窗口，自建立以来便致力于通过政策改革与创新，吸引国内外投资，促进产业升级与经济多元化发展。

莱基自贸区实施全面的税收减免政策，包括免除联邦、州和地方政府的各类税收，以及免征进口关税和增值税等，大大降低了企业的运营成本，并实行外汇自由政策，确保外资投资股本可自由撤出，企业利润和红利也可自由汇出，增强了外资的投资信心。莱基自贸区与尼日利亚海关紧密合作，简化了自贸区和港口之间的通关流程，提高了货物通关效率。设立"一站式服务中心"，为企业提供从公司注册到法律文件办理等全方位、高效率的服务，极大地便利了企业运营。

莱基自贸区的优惠政策和完善的基础设施吸引了大量国内外投资，促进了园区经济的快速发展。自贸区的成功建设和发展提升了尼日利亚在国际上的形象和地位，增强了外国投资者对尼日利亚的信心。园区的快速发展带动了周边地区的就业和经济增长，为尼日利亚的经济发展作出了积极贡献。

（五）产业升级牵引改革

随着全球经济一体化和技术进步的加速推进，园区产业升级已成为推动区域经济持续增长的关键。根据配第-克拉克定理，随着经济的发展，劳动力会逐渐从农业转向工业，再转向服务业，反映出产业结构的高级化趋势。与此同时，依据库兹涅茨关于产业结构演变的理论，随着人均收入水平的提高，产业结构将逐步从劳动密集型过渡至资本密集型，最终转向知识密集型。基于这两项理论，园区产业升级改革势在必行，必须通过技术革新与产业链的优化来推动传统产业的转型升级。这一过程不仅关乎经济效益的提升，更是实现高质量发展、增强区域综合实力的重要途径。

1.柬埔寨西哈努克港经济特区

柬埔寨西哈努克港经济特区（以下简称西港特区）是"一带一路"上的璀璨明珠，其作为中柬两国合作的典范项目，以开拓进取的精神积极探索创新发展模式，以坚定果敢的决心全力推进各项改革任务，在柬埔寨的经济发展进程中发挥着重要的引领作用。

产业规划优化升级。在工业发展的第一阶段，纺织服装、箱包皮具、木业制品等劳动密集型产业成为主导产业，这些产业通过充分利用柬埔寨丰富的劳动力资源和低廉的生产成本，不但迅速扩大了产业规模，而且为当地创造了众多就业机会。进入第二阶段，工业发展依托港口优势，重点发展五金机械、建材家居、精细化工等产业，逐步推动产业结构的优化升级，延长了产业链，构建了上下游联动的产业体系，从而提升了产业的附加值和市场竞争力。

推进产业链招商转型。从传统企业招商转变为产业链招商，着力招引行业头部企业与核心项目落地，进而引导相关产业链上下游企业相继入驻。以科莱雅皮业（柬埔寨）有限公司的落户为例，其带动了包括海绵、木制产品、纸箱等在内的相关产业链企业聚集，逐步形成了家居用品产业集聚效应，增强了产业的整体竞争力，提升了风险抵御水平。

西港特区吸引了来自中国、欧美、东南亚等国家和地区的企业（机构）入驻，2024年，特区共新增企业（机构）28家，截至2024年底，入驻的企业已有202家，创造就业岗位3.2万个，促进了当地的工业发展。如赛轮集团宣布旗下全资子公司CART TIRE在2024年实现营收40.39亿元，同比增长73%。同时，年产900万套半钢子午线轮胎项目以及年产165万条全钢子午线轮胎项目基本建设完成，这不仅将显著促进当地就业，还将进一步促进柬埔寨工业发展。柬埔寨海关数据显示，2024年，柬埔寨西哈努克港经济特区的企业累计完成进出口总额40.78亿美元，同比增长21.3%，占柬埔寨全国进出口贸易总额约7.45%。此外，该经济特区不仅为当地民众带来了大量的就业机会，还有效减轻了就业市场的压力，显著提高了居民的生活质量，推动了经济繁荣和社会进步。西港特区以创新的发展模式和坚定的改革决心，在柬埔寨这片充满机遇的土地上绽放出绚丽光彩，为中柬两国的友好合作与共同发展书写着辉煌篇章。

2.泰中罗勇工业园

泰国坚持把泰中罗勇工业园建设作为推动中泰经贸合作、加快产业升级、实现区域发展的重大战略举措，并出台相关支持政策，拉开了工业园蓬勃发展的大幕。泰国相关部门在充分总结前期建设经验的基础上，进一步找准工作方向，大力推进工业园建设，推动泰中罗勇工业园发展取得更大突破。泰中罗勇工业园由中泰企业合作开发，位于泰国东部海岸。自2005年成立以来，泰中罗勇工业园以企业化方式运营，设立"一站式"服务窗口，为企业提供便捷高效的服务。园区产业规划明确，吸引了汽配、机械等多类企业入驻，形成了产业集群并不断延伸产业链。规划合理，分期开发确保可持续发展，基础设施完善。泰中罗勇工业园为中泰经贸合作搭建了重要桥梁，促进了当地的经济发展与产业升级。

培育产业集群，提升竞争力。园区依据自身定位与市场需求，制定了明确的产业规划，主要吸引汽配、机械、家电、新能源、新材料、智能家居、机械电子等中国企业入园设厂，形成了产业集群。产业集群的发展有利于企业间资源共享，降低生产成本，提高整体竞争力。随着"一带一路"倡议的推进与泰国"东部经济走廊"战略的实施，园区积极调整产业规划，加强与相关战略对接，吸引更多高科技、高附加值产业入驻，如富通集团（泰国）通信技术有限公司的光纤、光缆产品填补了泰国的产业空白，腾晖技术（泰国）有限公司的大尺寸高效光伏电池片为泰国可再生能源行业的发展贡献了力量。

延伸产业链条，推动升级。园区鼓励企业在产业链上下游延伸，完善产业链条，比如吸引生产型企业、物流企业、仓储企业、零部件供应商等配套企业，提高产业附加值与抗风险能力。推动企业技术创新与升级，提高产品质量与技术含量。例如，部分企业在园区的支持下，加大研发投入，引进先进的生产技术与设备，提升自身的核心竞争力。

三、启示

在当今全球经济一体化的大背景下，各类产业园区作为区域经济的重要载体，其发展与改革成为各国政府及企业关注的焦点。通过深入剖析国内外园区改革的典型案例，我们不仅能够汲取宝贵的经验，还能因地制宜，为推动园区的蓬勃发展提供有力支撑。

（一）优化职能配置，提升管理效率

精简机构，实现管理扁平化。[①]首先，园区应优化组织结构，全面审视现有的组织架构，识别并消除冗余机构，减少不必要的管理层级，以此加快信息传递速度，提高决策效率。与此同时，推行矩阵式管理，即在同一层级上设立多个平行的管理单元，使每个单元专注于特定领域的管理工作，从而提高专业化水平。此外，还需要细致地划分岗位职责，对各个岗位的工作内容进行重新梳理和定义，以确保每位员工都能清晰地理解自己的职责和目标。这样的做法不仅能够激发员工的个人潜能，提升工作效率，还能够促进团队之间的默契和协作，增强整个团队的凝聚力和战斗力。还可以通过定期的职业发展规划和培训，帮助员工不断提升业务能力和综合素质，从而在整体上提升园区管理的效率和质量。

整合职能，促进资源共享。[②]为了促进资源共享和提高管理效率，园区应建立跨部门协作机制，打破传统意义上的"部门墙"。通过设立专门的协调小组来负责协调各部门之间的关系，解决合作过程中可能遇到的问题，同时定期组织部门间会议或工作坊，增进彼此的理解和信任，鼓励不同部门之间进行信息交流和技术共享。此外，园区还应创建一个集中的资源整合平台，用于收集和发布园区内的各类资源信息，如闲置设备、空置空间等。这样一个平台不仅能够让园区内的企业更方便地获

[①]刘暮霞,周瑞.开发园区"去行政化"改革的经验与启示[J].活力,2023,41(18):141-143.
[②]范喜昌,杜江,楚瑜.产业园区体制机制改革的若干思考[J].行政科学论坛,2021,8(04):13-16.

取所需的资源、减少重复投资，还能提高资源的总体利用率，从而在整体上提升园区的运营效率和服务水平。

明确运行机制，提升管理效能。[①]为了促进园区管理的规范化和提升效率，需要从完善规章制度、强化绩效考核以及加强监督审计三个方面入手。首先，应制定和完善园区的各项规章制度，确保每一项管理活动都有明确的依据，特别是对于涉及园区发展的重大事项，必须明确规定决策程序中的参与主体、流程步骤以及责任分配，以避免决策失误带来的风险。其次，建立健全的绩效考核体系，通过对各部门和个人工作成效的客观评价，设定合理的考核指标和奖惩制度，激励员工主动承担责任，提高工作效率，并定期公布考核结果，表彰先进典型，营造积极向上的工作氛围。最后，设立独立的监督审计机构，定期对园区的各项管理活动进行监督检查，开展内部审计工作，及时发现并纠正问题，确保园区管理工作的合规性和有效性。

（二）实现有为政府与有效市场的更好结合

"有为政府"必须明确其职能范围，专注于建立公平合理的制度和政策，以及提供公共服务。在市场失灵的领域，政府应扮演补充者的角色，而不是完全取代市场。"有效市场"是指企业主体根据市场经济的运行规则开展经营活动，其重点在于根据市场机制调整自身的行为，以适应市场竞争的需求，并追求合理的利益。政府要有所不为，避免过度干预园区的运营，确保园区能够按照市场规律自主发展；同时，企业自

---

①王辉.优化体制机制　服务新时代现代化强区建设[J].机构与行政,2021(01):16-17.

身发展不可过多依赖政府的管辖和引导。①

引入市场化运营平台，通过引入专业运营商，实现园区的专业化、精细化管理。借鉴国内外先进经验，推动园区实现"管运分离"，这一模式的核心在于明确政府与运营商之间的职责界限，政府主要负责宏观管理和政策制定，为园区的发展提供方向指导和政策保障；而具体的运营工作则交由专业的运营商负责，包括园区的日常运营管理、招商引资、企业服务、园区内小型基础设施的维护升级等多个方面。通过这种分工合作的方式，可以充分发挥各自的优势，实现资源的优化配置和高效利用。

政府的角色定位与职能转变。政府在园区改革中应当从传统的管理者转变为服务者和支持者。这意味着政府需要明确自己的定位，通过制定有利于企业发展的政策、提供必要的基础设施建设和公共服务，来营造良好的营商环境。例如，政府可以出台税收优惠、提供融资担保服务等激励措施，鼓励企业开展技术创新和研发活动。②同时，通过简政放权，减少不必要的行政审批环节，降低企业的运营成本，从而激发市场活力。此外，政府还应加强法治建设，确保各项政策措施得到严格执行，维护市场秩序。

市场机制的完善与激活。市场是资源配置的主要方式，园区改革需要充分调动市场的积极性。为此，园区应致力于营造公平竞争的市场环境，确保所有企业都在相同的规则下展开竞争。一方面，完善产权保护制度，尊重和保护企业家精神，激发市场主体的创新动力；另一方面，推动资本、技术、人才等要素自由流动，形成协同发展的产业生态系

---

①袁剑平.产业园区管理体制创新的实践与探索——以西部国际技术合作产业园为例[J].管理观察,2019(06):43-47.

②王兴平,彭思伟,韩静."一带一路"沿线中国境外产业园区高质量发展的内涵与机制研究[J].现代城市研究,2023(12):74-80.

统。此外，还可以通过设立风险投资基金①等方式，支持初创企业发展，培育新的经济增长点。通过这些举措，园区能够吸引更多优质企业和人才入驻，促进产业集聚，提高整体竞争力。

（三）数字化转型是园区发展的必然趋势

通过充分运用尖端的数字技术，园区不仅能够实现业务流程的高度智能化，从而极大地提升工作效率与精确度，还能营造一个充满活力的创新生态系统。这一技术不仅促进了知识的广泛共享，还加深了技术层面的紧密合作，为园区内的企业提供了更多跨界交流的机会。这些合作与交流不仅拓宽了企业的视野，还激发了创新的火花，推动了新产品、新技术的不断涌现。②

构建一体化信息平台。构建一个统一的数据中心和信息交换平台，是实现园区数字化转型的基础。③这个平台应该能够集成园区内所有企业的数据资源，包括但不限于企业的基本信息、运营数据、财务报告等，并通过标准化的数据接口，实现不同业务系统之间的无缝连接。这样做的好处在于，它可以帮助园区管理者获得一个全面的视角，了解园区整体运营状况和发展趋势，为科学决策提供依据。同时，有利于企业之间的信息共享和技术合作，促进知识流动，加速创新项目的孵化。此外，通过开放API接口，还可以与外部合作伙伴进行数据交换，拓宽园区的服

---

① 范明丽.两化融合背景下工业经济高质量发展研究[J].现代工业经济和信息化,2024,14(08):14-16.
② 吴庆文.持续深化"园区"改革高水平推动开放创新[J].群众,2021(11):11-12.
③ 周明升,张雯.基于数据中台和人工智能的产业园区招商服务平台[J].现代电子技术,2024,47(12):150-156.

务范围和影响力。

实施业务流程再造。引入云计算技术和物联网设备，如智能停车系统、智能安防监控等，可以实现园区内各种资源的智能化管理，这些都将提升园区的服务质量和效率。更重要的是，还可以帮助企业简化内部流程，比如使用区块链技术来简化供应链管理，或者利用大数据分析来优化库存控制，从而降低成本，提高运营效率。[①]此外，数字化工具如电子合同、在线支付等，也能为园区内的企业提供更加便捷的服务体验，增强园区的吸引力。[②]

建立创新生态系统。鼓励园区内企业参与技术创新活动，是提升园区竞争力的关键。为此，园区可以设立共享实验室和技术孵化器，为初创企业提供必要的硬件支持和资金援助，帮助它们快速成长。同时，定期举办技术研讨会、创业大赛等活动，不仅能够激发园区内企业的创新热情，还能促进不同领域之间的技术交流与合作。此外，园区还可以设立专项基金，支持那些具有市场前景的研发项目，加速科技成果向现实生产力的转化。通过这些举措，园区不但能够吸引更多的高新技术企业和人才，而且能形成一个充满活力的创新生态系统，进而带动整个园区乃至周边地区的经济发展。

（四）绿色改革是实现可持续发展的关键

在当今时代，生态环境保护与可持续发展成为全球共同关注的焦

---

①范明丽.两化融合背景下工业经济高质量发展研究[J].现代工业经济和信息化,2024,14(08):14-16.

②王宇婷,易加斌.数字经济产业园区企业网络嵌入、数字化能力与开放式创新[J].技术经济,2023,42(10):81-93.

点。园区作为经济活动的重要聚集地，实施绿色改革至关重要。[①]绿色制度建设是基础，应制定完善的环保规章制度，明确企业在环境保护方面的责任与义务。通过严格的制度规范，确保园区内的各项经济活动都在生态可承受范围内进行。同时，应积极出台绿色政策，如环保补贴、绿色税收优惠等，激励企业加大对环保技术的研发和应用投入。[②]

引入专业的环保运营力量。作为绿色领域的佼佼者，专业的环保运营商凭借丰富的实战经验、先进的技术手段以及科学的管理模式，可为园区的绿色专业化、精细化管理提供有力的支撑。而且从专业经验的角度来看，环保运营商在长期的运营过程中，积累了丰富的案例和数据，形成了一套行之有效的绿色管理体系。他们了解不同行业、不同企业的环保需求和痛点，能够精准施策，为园区量身定制绿色运营方案。这种量身定制的服务模式，确保了环保措施的针对性和有效性，避免了"一刀切"的弊端。

激活绿色市场机制。打造公平竞争的绿色市场环境，让企业在绿色规则下展开竞争。完善绿色产权保护制度，激发市场主体的绿色创新动力。推动绿色资本、技术、人才等要素自由流动，促进绿色产业链上下游企业协同合作，形成绿色产业生态系统。设立绿色风险投资基金，支持绿色初创企业发展，培育新的经济增长点。

加强绿色公共服务平台建设。构建涵盖绿色技术研发、检验检测、

①彭思伟,王兴平.可持续运营导向下境外产业园区规划实施评估研究——以中阿产能合作示范园为例[J/OL].国际城市规划,[2024-04-15]：1-13.
②杨儒浦,李丽平.产业园区减污降碳协同增效的内涵与实现路径[J].环境保护,2024,52(07):24-27.

知识产权保护等多领域的公共服务平台，为企业提供一站式绿色服务。[①]
设立绿色技术转移中心，促进绿色科技成果转化；建立企业绿色信用信息数据库，降低合作风险；开展绿色职业技能培训，满足企业对绿色劳动力的需求。

（五）加强与科研机构产学研合作

在知识经济时代，科技创新成为经济增长的核心驱动力。园区作为产业集聚地，加强与科研机构的合作是园区实现创新发展和可持续发展的重要举措。通过紧密合作，园区能够充分发挥科研机构的优势，提升自身的核心竞争力，为经济社会的发展作出更大贡献。

首先，科研机构拥有丰富的智力资源和先进的科研设备。通过合作，园区企业可以借助科研机构的专业知识和技术优势，解决生产过程中的技术难题，提升产品的科技含量和附加值。例如，企业与科研机构共同开展技术研发项目，加速科技成果转化为实际生产力。[②]其次，合作有助于培养高素质的专业人才。园区可以与科研机构联合开展人才培养计划，为企业的创新发展提供具有创新能力和实践经验的专业人才。[③]同时，科研机构的专家学者也可以为企业员工提供培训和技术指导，提升企业整体的技术水平。合作还能促进产业升级和创新发展。科研机构的

---

①张明博,于梓涵,高照琴,等."两高"产业园区规划环境影响评价指标体系构建研究[J].环境工程技术学报,2022,12(06):1788-1795.

②周海云,任聪敏.基于产业园区的市域产教联合体建设：目标、逻辑与路径[J].职业技术教育,2024,45(19):48-52.

③李自然.科技园区深化人才发展体制机制改革工作的探索——以南宁高新技术产业园区为例[J].企业科技与发展,2019(08):14-15.

前沿研究成果可以为园区产业的发展提供新的方向和机遇。通过合作，园区企业能够及时了解行业的最新动态和技术趋势，调整自身的发展战略，实现产业升级和转型。

因此，为加强与科研机构的合作，园区可以采取多种措施。例如，建立产学研合作平台，促进企业与科研机构之间的信息交流和资源共享[①]；设立科研合作专项资金，支持企业与科研机构开展联合研发项目；鼓励科研机构在园区设立分支机构或技术转移中心，加强科技成果的转化和应用。

---

①杨兰.市域产教联合体的运行逻辑、现实困境和破解路径[J].新西部,2024(08):79-81.

第章

地方开发区管理体制市场化改革的对策建议

近年来，世界百年未有之大变局加速演进，全球经济形势复杂多变。在此背景下，构筑国内国际双循环的新发展格局成为应对外部冲击、促进经济持续增长的关键策略①。对于地方开发区而言，传统的行政化管理模式已经难以适应市场经济发展的要求，由于存在管理效率低下、资源配置不合理等问题，亟须引入市场化的机制和手段。②"管委会+公司"这一市场化管理体制改革模式的诞生，旨在通过管委会的宏观指导与公司的市场运作相结合，提升开发区的运营效率和竞争力。③然而，在实践过程中，仍存在体制机制不完善、权责划分不清晰、市场化程度不足等问题，制约了改革的深入推进。为此，深入探讨地方开发区管理体制市场化改革的对策建议，具有重要的现实意义。本文将从市场化改革的目标和原则、途径与措施、规划与保障等方面，提出针对性的建议，以期为地方开发区的管理体制市场化改革提供有益参考。

一、市场化改革的目标和原则

近年来，随着市场经济的深入发展，地方开发区传统的行政化管理

---

① 习近平.论把握新发展阶段、贯彻新发展理念、构建新发展格局[M].中央文献出版社,2021.
② 本书编写组.中国马克思主义与当代（2024版）[M].高等教育出版社,2024.
③ 陈科霖.开发区治理中的"政企统合"模式研究[J].甘肃行政学院学报,2015(04):42-54.

模式已难以适应新形势的要求。"管委会+公司"的市场化管理体制改革应运而生，旨在通过管委会的政策指导与公司的市场运作相结合，提升开发区的运营效率和竞争力。这一改革模式强调政府与市场的有效互动，管委会负责宏观规划、政策制定和监督管理，公司则专注于市场开拓、项目运营和资源配置。然而，在实践中，如何明确市场化改革的目标，确保改革方向正确、措施有效，成为亟待解决的问题。为此，深入探讨市场化改革的目标，有助于为后续改革措施的制定提供清晰的指引。

（一）目标

1.资源配置效率进一步提升

开发区管理体制市场化改革必须要明确以"管委会+公司"的新型模式作为体制转型的主要目标，强化开发区在资源配置中的市场化作用。改革的重点在于实行行政管理主体与开发建设主体相分离的管理体制，创造性地建立起"管委会+国企"的园区运营管理模式，实现管理体制的扁平化和高效化，从而提升资源配置效率。"管委会"作为行政管理主体，主要承担政策制定、资源整合与监督职能，而"国企"作为开发建设的市场化主体，具体负责园区的建设、运营和管理。通过这种创新模式，可以更好地引导资本流向科技创新和高附加值领域企业，实现资源的优化配置，推动经济结构的持续优化和升级。[①]

优化的资本流向不仅可以实现资源的高效配置，还可以进一步推动深化改革，增强市场活力。在"管委会+国企"模式下，高水平的市场机

---

①杨玉杰.我国开发区管理体制类型及其比较[J].商业时代,2010(09):105-106.

制能够充分发挥资本的流动性作用，依托科学的政策引导，确保资本向关键技术领域和创新项目集中，从而推动开发区内的企业实现高质量发展。在资源配置中，必须兼顾"放得活"与"管得住"，确保市场机制有效运行，避免市场失灵现象的发生。聚焦产业升级和经济转型的项目与企业，逐步推动开发区经济结构的合理化，增强对技术创新与高附加值领域的依赖，进一步提升市场竞争力。

构建合理的薪酬体系和职业发展路径，是增强人才稳定性和推动其创新产出的关键举措。在"管委会+国企"模式下，推动企业与人才的精准匹配，通过合理的职业发展设计和薪酬激励，吸引和留住开发区所需的高素质技术研发和管理人才，最大化发挥人才的创造力，提升人力资源的整体利用效率。人才作为创新驱动发展的基础，其在企业中的作用不局限于日常工作，更在于推动创新活动和技术成果的转化。应建立科学的人才管理体系，增强高素质人才的长期发展动力，推动企业内部的创新生态建设，使人力资源真正成为推动企业与区域经济发展的核心驱动力；加速技术成果的转化与应用，建立完善的技术交易平台和知识产权市场化运作机制，推动技术资源的快速流动与优化配置；通过市场化的技术流转，在不同企业和项目间形成高效的技术合作与协同创新，减少研发成本的重复投入，避免技术闲置或低效使用的现象。完善的知识产权市场化机制和技术合作平台，不仅能促进企业间的技术协作，还能确保技术资源在不同产业之间的高效流动，为经济结构转型提供充足的技术支持，真正实现开发区管理体制市场化改革的目标。

2.推动产业升级和技术创新

推动开发区技术含量和产业生态链的提升，关键在于实现"管委会+国企"的运营管理模式，促进产业升级和技术创新。开发区需要引入人工智能、信息技术、生物技术和新能源等高附加值、高技术含量的企业和创新型企业，形成优质企业集聚效应，提升开发区的整体竞争力。在这一过程中，行政管理主体与开发建设主体的分离至关重要，增强开发区的核心竞争力，实现区域经济的可持续发展。

加强对高技术企业的政策支持和资源引导，旨在提高这些企业在关键领域的技术研发能力，从而优化开发区的技术结构，提升其在全球产业链中的地位，逐步减少对低技术含量、低利润率产业的依赖，促进产业结构优化升级。通过这一模式，能够加快开发区内的技术创新进程，增强区域的整体竞争力，促进创新要素的聚集与流动，推动区域产业升级和创新生态体系的建设，逐步形成以技术驱动的高附加值产业为主导的产业结构，确保在全球竞争中的持续领先地位。通过体制变革，开发区将更好地整合政策支持、资源配置和企业的能动性，形成协调一致的发展动力，从而在全国和全球竞争中取得优势。

推动企业技术研发与创新能力的提升，需要注重核心技术的开发及其与产业应用的有效衔接，进一步提高从实验室阶段到市场化应用的整体效率。有效整合内部与外部资源，建立系统化的研发支持机制，是为技术创新提供持续动力的重要举措。通过引入创新基金和风险投资，为企业自主研发和技术创新提供资金保障，能够进一步促进企业在新技术领域取得突破。[①]此外，加强与高校和科研机构的合作，通过联合研发的形式，借助外部研究力量，加快技术从基础研究到实际应用的转化。协同创新不仅可以提升技术成果的转化效率，还能通过技术溢出效应促进区域产业链的协同升级，增强区域整体竞争力和创新能力，为开发区的

---

① 刘黎.高新技术开发区产业集聚与技术创新能力研究[D].华中科技大学,2012.

可持续发展提供重要支撑。

通过市场化改革的推进，构建完善的产业创新生态系统尤为重要。搭建技术交流平台和研发共享平台，有助于形成创新资源的集聚和共享机制，提高企业间的技术协作效率。通过设立产学研合作机制，可以推动企业与科研机构、高校之间更加深入的合作，进一步提升技术协同创新和成果转化的效率。这些举措将促使技术迅速从研发阶段转化为市场应用，推动新兴产业和传统产业的深度融合，为技术与市场结合创造更多机会。[1]跨行业和跨企业的合作创新也将打破传统行业的边界，形成产业链上下游的协同发展，使技术创新逐步成为开发区产业升级的核心动力，显著增强开发区的市场适应性与创新活力。

3.提升政府服务水平

在开发区管理体制市场化改革的背景下，提升政府服务水平是推动开发区高质量发展的重要举措。通过构建"管委会+公司"的新型管理模式，政府应逐步实现角色转变，从直接干预市场转向以政策引导和监管为主，注入市场化运作的新路径，创新管理机制，完善服务体系，激发市场活力。

加强政府的监管职能是维护市场秩序和推动高质量发展的关键。通过优化政府角色，推动政府从直接干预向政策引导转变，可以有效提升市场活力。在新型管理模式下，分工协作的体制使得政府能够更好地履行政策引导和市场监管的职能，通过完善制度建设，规范市场规则，为市场主体提供透明和可预期的经营环境，确保公平竞争，防止垄断和不正当竞争的滋生，激发市场活力，最终为区域经济的持续增长奠定坚实基础。

---

[1]刘潇.开发区政策的企业技术创新效应研究[D].上海财经大学,2022.

推动智慧城市、数字化管理、公共交通和能源供应等关键领域的基础设施和公共服务建设，是提升政府服务水平的重要措施。政府需要加大对基础设施和公共服务的投入与建设力度，显著提升城市的管理效率和资源分配能力，为企业运营提供更加高效的服务保障。这种模式创新了管理机制并完善了服务体系，智慧城市的建设不仅依赖先进的数字化管理平台，还需要政府与技术企业的紧密合作，确保城市基础设施能够满足未来技术发展的需求。优化公共交通体系和能源供应，将为企业创造更加稳定和便利的营商条件，降低运营成本，提升工作效率[①]。这一系列基础设施和公共服务的优化，不仅为企业提供了更好的发展环境，也增强了城市的整体竞争力，吸引高附加值产业和创新型企业入驻，形成良性循环，推动区域经济的可持续发展。

建立高效的政企沟通机制对于优化营商环境和促进企业发展至关重要。政府应搭建政企对话平台，及时收集和回应企业的意见和建议，了解企业在经营过程中遇到的实际困难和需求。通过创新管理机制和完善沟通平台，政企间的良好互动不仅有助于政府掌握市场动态，及时调整政策方向，还能增强企业对政府服务的信任感，提高满意度，进而推动区域经济的持续增长和发展。

4.促进可持续发展

开发区应按照"双碳"要求，加快推进绿色低碳转型，全面实施园区循环化改造，优化空间布局，调整产业结构，实现资源的高效利用和废物的减量化、再利用、资源化。在推动可持续发展的过程中，"管委会+公司"的新型管理模式是关键，通过这种模式，政府和市场力量协同合

---

① 胡冰云.智慧城市视角下智慧园区建设规划关键领域研究[J].数码世界,2019(11):3.

作，为绿色发展提供政策引导和市场动力。

建立碳交易市场机制是推动企业绿色转型和实现碳中和的重要手段。通过碳交易市场，企业可以自行买卖碳排放配额，将环保责任有效嵌入企业的日常运营和战略规划中。碳交易机制不仅激励企业主动减少碳排放，还通过价格信号引导资源优化配置，鼓励高效低碳的技术创新与应用。[①]这一机制的实施推动了开发区整体的绿色转型，促进了可持续发展目标的实现。随着碳排放配额成为企业运营的一部分，企业在考虑经济效益的同时，还需平衡环境责任，从而在市场竞争中获得更强的绿色竞争力。市场驱动的碳交易体系，不仅提升了企业对环保政策的响应能力，还将环保措施转化为企业长期发展的动力源，进一步助力开发区实现碳中和目标，推动经济高质量发展。

推进园区的循环化改造是实现开发区可持续发展的重要举措。优化园区空间布局、调整产业结构，推动资源的高效利用与废物的减量化、再利用和资源化，有助于有效减少资源浪费，实现经济效益与环境效益的双赢。循环化改造降低了生产成本，并在整个产业链中形成资源循环的绿色闭环经济，增强了产业的环境友好性和竞争力。

大力支持循环经济的发展，推动企业间的协同合作，是开发区实现可持续发展的关键措施。政府可以通过政策引导，促进企业之间的协作，鼓励企业充分利用副产品和废弃物进行再生产，从而提高资源利用率，降低生产成本。这种低投入、高产出的经济体系将推动开发区从传统的线性经济模式向循环经济转型，并吸引更多环保型企业和投资，为区域经济注入新的活力和增长动力。

---

① 王宇,吴江风,贺晓.可持续发展的绿色生态大数据产业园区研究[J].邮电设计技术,2023(01):77-82.

（二）原则

在推动地方开发区管理体制市场化改革的过程中，应坚持明确的原则导向，以确保改革的顺利推进和各项目标的实现。改革应从实际出发，以市场化为主线，兼顾政策引导和公共服务职能，实现行政管理与市场机制的有机结合。通过构建"管委会+公司"的新型管理模式，厘清政府与企业的边界，发挥市场在资源配置中的决定性作用，增强开发区的活力和竞争力。

1.市场导向原则

地方开发区的管理体制改革应遵循市场导向，减少政府对资源配置的直接干预，建立以市场机制为主导的资源分配模式。在新型管理体制下，开发区通过公司化运营，使市场在资源配置中发挥更为重要的作用。这种管理模式通过市场化手段对土地、资本、技术和劳动力等要素进行优化配置，从而促进企业的自主决策和灵活运作，使开发区在经济效率和竞争力方面获得更大提升。

通过新型管理体制，公司可以通过市场化方式进行融资，并利用多元化的资金支持开发区的基础设施建设和产业发展，确保资源的有效利用。同时，鼓励各类市场主体积极参与开发区的建设和运营，形成以市场为驱动的良性竞争格局。在这种市场导向的体制下，企业能够根据市场需求自主调整其生产和投资策略，提升技术创新能力，推动产业升级。这种改革方式既提高了资源配置的效率，也有效激发了开发区的市场活力和经济效益。

通过市场化的管理模式，开发区的整体发展可以实现从政府主导向市场主导的转变，让市场力量更大程度地释放经济潜力，推动开发区形成一个开放、竞争和创新的环境，使其在区域经济发展中保持持续的竞争优势。

2.创新驱动原则

创新驱动原则强调开发区的发展必须通过科技、制度和管理的多维度创新来推动。在"管委会+公司"的新型市场化管理体制下，企业的创新活力能够被充分激发，推动新技术、新产业和新商业模式的涌现。通过这一体制，企业在自主研发和技术创新方面得到了更多的自由和支持，形成了创新驱动型的市场环境。

开发区需要构建完善的创新支持体系，政府应提供政策引导和必要的技术平台，帮助企业降低创新成本，增加创新资源的有效利用。在市场化管理体制下，公司作为市场主体，能够通过灵活的融资机制为创新型企业提供资金支持，助力新兴技术的快速发展和市场化应用。在这种体制下，管理创新也尤为重要，开发区应当不断调整管理机制，提升管理的敏捷性和执行力，以适应快速变化的市场需求。

在推动科技创新的同时，管理模式的优化可以提升整体运作效率，使开发区在资源配置、企业服务、产业升级等方面具备更强的竞争力。创新驱动的关键在于营造一个开放、灵活且充满活力的市场环境，促使企业在创新过程中大胆尝试技术突破和模式创新，从而推动开发区在全球竞争中保持领先地位。

3.公平竞争原则

在开发区管理体制市场化改革的过程中，确保公平竞争原则的落实至关重要。改革的核心目标是通过"管委会+公司"的新型模式，优化资源配置，推动市场化运作。市场竞争应以公平、公正为基础，政府通过健全的市场监管机制来防止垄断和不正当竞争行为，保障所有市场主体能够在平等的环境中展开竞争。透明、可预期的市场规则是确保市场稳定和激发活力的关键，而这些规则不仅要对所有企业一视同仁，还需要通过有效的法律和政策执行来落实，确保市场秩序得到维护。

通过市场化管理体制，公司可以在这一模式下获得更多的融资渠道与市场机会，促进企业之间的公平竞争，使其能够更加自主地应对市场挑战。公平的市场环境有助于激发企业的创新潜力，各类企业能够在相同的条件下根据市场需求进行创新与发展，这将为开发区的经济带来更大的活力。公平竞争的实现不仅关乎个别企业的利益，还能提升整个开发区的经济质量，确保区域经济的可持续增长。

4.自主创新原则

自主创新是开发区发展的核心动力，在市场化改革中，应通过构建"管委会+公司"的新型模式，完善市场化管理体制，以激发企业的创新潜力和自主研发能力。在这一管理体制下，公司成为市场化运作的主体，通过政策引导和多样化的融资手段，支持企业在技术研发和产品创新方面的主动性。通过鼓励产学研合作，整合高校、科研机构和企业的优势，推动新技术和新产品的快速产业化，促进高新技术产业集聚，形成区域经济增长的核心引擎。

构建良好的产业创新生态是实施自主创新原则的重要环节，这不仅依赖于政府在政策和资金上的支持，更依赖于市场机制作用的充分发挥，可以促进企业、科研单位和社会资本的协同发展。通过完善的市场化管理体制，公司能够更有效地集聚各类创新资源，推动开发区从主要依赖传统产业向以高新技术产业为主导的经济增长极转型，增强区域的经济活力与全球竞争力。

5.可持续发展原则

在开发区的市场化改革中，应强调环境保护和资源利用效率，以实现经济、社会和生态效益的平衡。在构建"管委会+公司"这一新型模式下，通过市场化管理体制的有效运作，公司成为推动绿色经济与循环经济发展的主要载体。政府在这一框架内发挥政策引导作用，通过激励措施和市场约束机制，促进企业向低碳、节能和环保方向转型，提高资源利用效率，减少生态负担，推动开发区绿色化转型。

建立碳交易市场和绿色技术创新平台是实现这一目标的重要手段。碳交易市场利用市场力量为企业的减排行为提供激励，促使资源在不同企业间合理流动。绿色技术创新平台则推动企业技术革新，使节能环保技术迅速在全区得到应用和推广。公司主体在市场化运作中能够通过融资功能为绿色项目引入社会资本，助力高附加值环保产业的发展，为实现区域经济的可持续发展奠定坚实的基础。

6.高效服务原则

在开发区的管理体制市场化改革中，应坚持高效服务原则，推动政府职能从"全能型"向"服务型"转变，以增强服务意识、提高行政效率为目标。在构建"管委会+公司"的新型管理模式下，管委会作为政策引导和监管的核心，应通过简政放权，优化行政审批流程，减少不必要的行政干预，为公司在市场中的高效运作提供更多自主权和便利条件。

建设智慧政府是实现高效服务的重要路径。通过信息技术手段提升公共服务的数字化和智能化水平，开发区能够提高行政透明度与服务响应速度，从而更好地满足企业的需求。智慧政府的建设不仅能够为企业提供实时的政策信息和服务，还能有效促进政府与企业之间的沟通合作，使政府的服务更加精准地对接企业的运营需求。

在市场化管理体制下，公司在融资和运营方面的功能得到进一步发挥，能够更为灵活地调动社会资源，支持企业创新和产业升级。这种体制不仅推动了高效的公共服务供给，还为开发区的高质量发展提供了体制保障，确保了开发区在全球竞争中保持优势地位。

二、途径与措施

在当前全球经济形势复杂多变、科技革命和产业变革深入推进的背景下，开发区作为经济发展的重要引擎，正面临着前所未有的机遇与挑战。如何充分发挥自身优势，推动区域经济高质量发展，已成为亟待解决的关键问题。为此，构建"管委会+公司"的新型市场化管理体制，探索创新驱动、产业升级、金融支持、产业链协同以及治理效率提升等方面的有效途径与措施，具有重要的现实意义和战略价值。以下将从四个方面详细阐述具体的策略和方法，旨在全面激发开发区的内生动力，提升区域经济的活力和竞争力，为实现可持续高质量发展提供有力支撑。

（一）推动创新驱动与产业升级

开发区管理体制市场化改革的核心在于构建"管委会+公司"的新型市场化管理体制，以提高区域经济活力和竞争力。通过这种模式，管委会主要承担政策引导和资源整合职能，公司则负责具体的开发、建设和运营，从而实现行政管理和市场机制的有效融合，全面激发创新驱动和产业升级的内生动力。

为了推动创新驱动与产业升级，开发区应重点完善创新支持体系，通过多元化政策和市场化激励机制，为企业的研发和创新提供有力保障。①开发区应制定税收优惠政策和贷款贴息计划，激励企业加大研发投入，特别是在极具市场潜力的技术研发和产品创新领域。这些政策将引导创新资源聚焦在关键领域，使创新产品和技术能够更快进入市场，从而加速技术成果的市场化应用。此外，建立完善的知识产权保护与交易机制，可以确保创新成果在有效的保护下实现市场化转化，提升创新技术的商业应用率，进而增强开发区的整体创新实力。

科技创新的支持力度直接影响开发区的高质量发展。开发区应着力构建集研发、生产和应用推广于一体的创新中心和产业园区，通过整合技术资源，为企业提供从技术研发到市场化应用的全流程支持。设立专项创新基金，确保高新技术企业能够在研发、试验和市场推广等环节获得足够的资金支持，激励企业在技术创新上持续投入。鼓励企业与高校、科研院所建立长期的合作关系，通过共建实验室、设立技术孵化器等方式，加速科研成果向生产力的转化，从而提升开发区的技术水平和产业竞争力，使科技创新成为开发区经济增长的核心动力。

市场化激励机制的运用，是培育创新生态、推动产业升级和技术革新的重要手段。开发区应建立多层次的政策支持体系，如税收优惠和贷款贴息等，激励企业加大研发投入，推动创新产品和技术的开发和推广。优化绿色通道政策，为新技术和新产品的市场应用提供快速审批和资源支持，缩短从创新到市场化的时间周期。此外，设立产业创新基金，吸引社会资本和国际投资，重点扶持人工智能、绿色能源、新材料等新兴产业，通过资金引导和政策支持，形成多元化的创新驱动产业结构，提升整体技术竞争力和产业的前沿性。

---

① 谭昕.开发区土地政策、产业集聚及创新与区域经济发展[D].中央财经大学,2022.

打造完善的知识产权保护和交易机制，是提升创新成果市场转化率的关键。开发区应设立专门的知识产权交易平台，为企业提供一站式的知识产权申请、管理和保护服务，减少企业在创新过程中的知识产权风险，促进技术成果的高效转化。鼓励企业间的技术成果交易和跨区域技术合作，确保创新资源在不同企业和地区间的共享与优化配置，推动技术向市场的顺畅流动。通过建立标准化、透明化的知识产权交易流程，提升开发区在全国乃至全球创新体系中的影响力，吸引更多创新型企业和资本进入，形成强大的技术和产业聚集效应，从而实现区域经济的可持续高质量发展。

（二）优化投融资体系，增强金融支持

推动开发区的创新与产业升级，必须依托健全的市场化管理体制，尤其是在"管委会+公司"的新型模式下，资金支持是企业发展的核心动力。公司主体在这种市场化管理体制下得以进一步发挥融资功能，通过有效整合内外部金融资源，为企业提供多元化的资金支持，助力企业在快速成长和技术创新的关键阶段获得持续发展的动力。

开发区应积极引导金融机构与企业对接，通过设立政府引导基金，吸引更多金融资本向创新型企业和中小企业倾斜。以债券、股权投资等多样化的投融资方式为企业提供长期稳定的资金支持，可以在企业的研发、生产和市场推广阶段提供充足的资金保障，显著增强企业的创新能力和市场竞争力。公司主体应利用市场化管理体制的优势，优化金融产品，拓展融资渠道，确保资金顺畅流动，从而支持企业的持续创新和高效发展。这种健全的金融支持体系将促进金融资本与科技创新的深度融合，提升区域整体经济活力，为开发区的经济可

持续发展注入强劲动力。[①]

扩大公私合作（PPP）模式的应用，是提升开发区基础设施和重点项目运营效率的重要途径。在市场化管理体制下，公司主体作为项目实施者，应充分利用PPP模式，引入社会资本深度参与开发区的建设，尤其是在基础设施和智能城市开发等关键领域，通过市场化手段优化项目管理与资源配置，提高资金使用效益和运营效率。PPP模式的广泛应用，不仅引入了更多来源的资金，还带来了先进的管理经验和创新能力，促进了项目运作的高效和透明，尤其在重大公共项目中能够确保持续性和长期稳定运营。这种模式有助于提升基础设施的整体质量与可靠性，推动开发区基础设施的现代化和可持续发展。

为了拓宽企业融资渠道，开发区应通过政策扶持和建立咨询服务平台，帮助优质企业进入资本市场，推动企业上市或挂牌，增强其融资能力和市场表现。通过提供资本市场的专项培训和指导，帮助企业更好地理解融资流程与资本运作规则，提升其在资本市场中的效率和成功率。针对不同企业的融资需求，开发区可以提供定制化的融资咨询服务，帮助企业优化资本结构，扩大其在资本市场中的影响力。此外，应鼓励企业通过并购和重组等方式扩大市场份额，提升资源整合效率，增强企业的市场竞争力。这一资本市场策略不仅能够激发区域内企业的融资活力，还能通过推动更多企业参与资本市场，促进产业整合与升级，进而实现区域经济的可持续发展。

（三）加强区域产业链供应链协同

区域产业链供应链的协同效应是提升开发区整体竞争力和资源配置

[①]孙攀.试析产业园区建设发展中的投融资策略[J].现代商业,2024(13):133-136.

效率的重要手段。通过推动区域内企业之间的深度合作，能够实现上下游企业在生产、技术和市场方面的紧密联动，从而优化资源利用，减少重复投资和生产浪费。在全球化的背景下，区域内的产业协同不仅可以促进企业在供应链中的快速响应，还能提升其对外部市场的适应能力，使其在国际竞争中占据更有利的位置。[1]为了增强这种协同效应，开发区应建立完善的供应链管理平台，实时监控和优化资源流动，确保原材料、技术、信息等关键资源在企业间的高效流转。通过政策激励，鼓励企业积极参与区域内的产业合作，特别是在高附加值领域，推动供应链的数字化和智能化转型，从而进一步提升区域经济的可持续发展能力。通过增强区域内产业链的稳定性和弹性，开发区能够有效应对全球市场的波动，确保企业在不确定的市场环境中保持竞争优势，推动区域经济的高质量发展。

推动区域内企业间的资源共享和合作是提升开发区产业协同创新能力的关键。在制造业、物流和科技服务等核心领域建立企业间的协同创新机制，可以促使上下游企业共同参与产品开发、供应链优化等环节，形成紧密的产业链合作。为了实现这一目标，开发区应设立区域性资源共享平台，推动原材料、技术和信息的高效流动，从而提升整个供应链的透明度和运作效率。此类平台不仅可以促进企业间资源的最大化利用，还能通过共享数据和技术创新成果，减少重复性投资和运营成本。通过优化上下游企业间的协作，开发区能够在全球市场竞争中占据更有利的地位，进一步促进区域内的经济发展和产业升级，同时为企业提供更广阔的发展空间和技术支持，助力其在市场中的持续成长。

---

[1]马渝贵.经济开发区对产业结构升级的影响——基于倾向得分匹配-双重差分法（PSM-DID）的研究[D].上海财经大学,2022.

基于开发区的资源优势和现有的产业基础，培育区域特色产业集群是提升整体竞争力的重要策略。通过政策引导和市场激励，开发区可以有效吸引龙头企业和高成长性企业在此集中落户，带动产业链上下游的协同发展，逐步形成竞争力强劲的产业集群效应。在此过程中，推动高新技术产业与传统产业的深度融合，能够最大化发挥区域的资源优势，实现技术创新与产业升级的双赢。为此，开发区应重点引入专业化配套企业，完善产业链上下游环节，增强区域内产业链的完整性和稳定性。通过这种联动发展，不仅能为各类企业提供更为高效的配套支持，还能加速产业集群的形成与成熟，提升开发区在全国乃至全球的产业竞争力，为区域经济的可持续发展注入强劲动力。

　　扩大跨区域合作，推动资源和市场的有效整合，是提升开发区整体竞争力和影响力的关键策略。开发区应积极与周边城市及其他开发区建立紧密的战略合作伙伴关系，通过资源共享、优势互补，构建跨区域的产业协作网络。这种合作不仅能优化区域内的资源配置，还能在更大范围内实现产业链的延伸和深化。通过跨区域的协同发展，开发区能够借助外部市场和资源，增强其在国内外市场的影响力和辐射力。此外，政府应发挥引导作用，推动区域内企业积极参与全国乃至全球的供应链体系，助力企业在更广阔的市场中立足和发展。通过跨区域合作的持续深化，开发区将更好地融入区域经济一体化进程，进一步提升其在全球经济体系中的竞争优势和影响力。

（四）提升开发区的治理效率与数字化转型水平

　　构建"管委会+公司"的新型市场化管理体制，是提升开发区治理效率和推动数字化转型的关键路径。在这一体制下，管委会主要承担政策引导和资源整合职能，而公司则负责具体的市场化管理和运营，从而通过专业化和高效的分工，显著增强开发区的整体治理效能。

推动开发区数字化转型，是提高治理效率和市场响应能力的核心内容。公司主体在市场化管理体制下，应进一步发挥其在数字化基础设施建设和数据管理中的功能，积极构建智慧管理平台，以促进开发区内各类资源的高效流动与协同整合。通过数字化和智能化手段，实现对开发区内各类资源的实时监控和优化调度，确保原材料、技术、资金等关键要素的合理配置。这种数字化平台的应用，不仅提高了开发区治理的透明度和效率，还增强了区域企业对市场需求的快速响应能力，确保了其在全球化竞争中保持有利地位。

数字化转型还体现在开发区的公共服务与企业支持中。通过数字化管理平台的建设，开发区能够为入驻企业提供高效、便捷的一站式服务，包括行政审批、项目备案和资源调配等，减少了烦琐的行政程序和不必要的时间浪费，从而进一步提升管理效率。公司主体在这一过程中承担着数字化建设的主要责任，通过引入先进的信息技术和专业的技术服务团队，打造适应现代需求的智慧开发区。[①]

为了提升开发区在产业链供应链管理中的协同效应，开发区应积极推动数字化技术在供应链各环节的应用，通过智能供应链管理系统实现上下游企业间的紧密联动与信息共享。设立区域性的资源共享平台，促进原材料、技术和信息等要素在企业之间的高效流动，这有助于减少重复投资，提升整体资源配置效率。这种以数字化为基础的供应链管理模式，能够增强企业间的协同创新能力，推动整个开发区产业链的升级和优化。

---

①冯媛.我国产业园区数字化转型现状、问题及发展路径研究[J].中国商论,2023(01):151-153.

实现高效治理和数字化转型，还应注重区域内产业链的优化与完善。开发区在政策引导和市场激励的作用下，应吸引龙头企业与高成长性企业集中落户，推动区域内的产业集群发展，以此促进高新技术产业与传统产业的融合，发挥区域资源优势，实现技术创新与产业升级的双赢。公司主体应通过引入专业化的配套企业，完善产业链各环节，增强区域产业链的完整性和稳定性，确保开发区治理效率与经济发展质量的全面提升。

跨区域的数字化合作也至关重要，开发区应与周边地区建立紧密的战略合作关系，形成跨区域的数据共享和产业协作网络，以此推动资源优化配置和市场拓展。通过这种合作，开发区能够在更大范围内增强治理效能和市场影响力，提升自身在全国乃至全球市场中的地位。

三、顶层设计与产业规划

在开发区管理体制市场化改革的过程中，顶层设计与产业规划起着至关重要的作用。它们不仅为改革提供了明确的方向和战略指导，更为资源配置和产业布局奠定了坚实的基础。通过科学合理的顶层设计，可以有效协调各方利益，优化资源配置，实现"管委会+公司"新型管理模式下的高效运作。同时，产业规划的精确定位与市场化导向相结合，能够明确区域的产业发展路径，促进产业结构优化升级，提升区域竞争力和可持续发展能力。在市场化改革背景下，充分发挥政策引领作用，制定符合地方实际的产业规划，推动创新驱动型产业发展，已成为开发区实现高质量发展的关键。下文将从政策引领与顶层设计、产业布局与市场化导向两个方面，深入探讨在新形势下推动开发区改革与发展的有效策略和方法。

（一）政策引领与顶层设计

1.顶层设计的战略重要性

在开发区管理体制市场化改革中，顶层设计发挥着至关重要的战略作用。它不仅可为政策的制定提供基础，更是明确开发区战略方向和发展路径的关键。在构建"管委会+公司"的新型管理模式下，顶层设计的科学性与前瞻性决定了改革的整体成效，对多层次、多方面的利益协调和资源配置起到了有效的引导作用。

顶层设计需要以全局视角统筹区域内的资源，制定符合区域经济发展需求的长期目标，明确产业布局、资源配置和制度创新等各方面的改革方向。[1]在市场化管理体制下，顶层设计为公司主体融资功能的发挥提供了科学的政策框架和资源分配机制，使得公司在技术研发、生产和市场扩展方面获得更有效的资金支持，从而推动企业的整体发展。

市场化改革的核心在于优化资源配置、激发市场活力，顶层设计应具备系统性与全面性，并且能够灵活应对改革过程中的不确定性和挑战。通过合理的顶层设计，可以在外部环境变化的情况下及时调整资源配置策略，确保开发区在动态的市场环境中保持高效运行和竞争优势。

顶层设计还需要建立一个具有前瞻性的政策框架，为开发区的长期发展提供支撑。这个框架不仅要涵盖现阶段的具体目标与措施，还应为未来区域经济的增长和可持续发展预留足够的空间。[2]顶层设计应综合考

---

①沈敏婕,张岩.创新政策对产业结构转型升级的影响效应研究——基于国家自主创新示范区的实证分析[J].科技创业月刊,2024,37(09):84-93.

②李浩,郑子卓.创新驱动政策赋能新质生产力发展——来自国家自主创新示范区的证据[J].哈尔滨商业大学学报(社会科学版),2024(04):97-116.

虑经济、社会和环境等多个因素，确保改革不仅能提升区域的竞争力，还能推动开发区的经济实现高质量和可持续的发展。

在市场化改革中，顶层设计的重要性还体现在对各方力量的引导与协调上，可以避免利益冲突和政策执行的障碍，确保各项改革措施沿着既定轨道有序推进。通过合理划分管理职责和优化资源配置，顶层设计能够实现"管委会"与"公司"之间的有效协作，推动管理体制的现代化转型和区域经济的全面振兴。

2.政策引领的核心要素

政策引领在开发区市场化改革中起着核心作用，重点在于激发市场活力、优化资源配置和营造公平的市场竞争环境。政策不仅是工具，更是确定发展方向的关键指导力量。在推动开发区构建"管委会+公司"的新型市场化管理体制过程中，政策的设计和执行直接影响到改革目标的实现。通过制度设计、资源分配、市场准入和激励机制等多维度的政策体系，可以确保市场化改革的顺利推进。

合理的政策体系应致力于减少行政干预，增强市场的自我调节能力，使市场在资源配置中起到决定性作用。通过市场化管理体制的落实，公司主体在融资、创新及资源调配等方面能够进一步发挥作用，从而提升开发区整体的运营效率和竞争力。[①]优化资源配置不仅能够提高效率，还能够保障资源合理流动，避免浪费，政策在此过程中具备调控能力，确保市场主体能够在平等竞争的环境中展开合作与博弈。

政策引领的核心要素还体现在对市场化程度的把控上，通过科学合理的政策设计，可以有效提升开发区的市场化水平，促进产业结构优化

---

① 刘旋.开发区管理委员会行政主体资格研究[D].燕山大学,2023.

升级。开发区作为区域经济发展的引擎，其市场化程度直接影响到区域整体竞争力的提升。政策应当为产业提供明确的方向指引，鼓励企业通过创新驱动转型升级，促进高附加值产业的集聚与发展，进而提升开发区在国内外市场中的竞争优势。

政策的设计还应确保市场环境具备开放性和透明度，从而激励企业在公平竞争中不断追求创新与进步。在政策引导下，企业将通过市场竞争促进技术升级和产业进步。激发市场主体的创新积极性是政策设计中的重要内容之一，完善的政策环境不仅要着眼于当前的发展需求，还应具有前瞻性，预见未来市场的变化，鼓励企业进行长期投资和创新。

灵活性和适应性也是政策引领的重要组成部分。面对不断变化的市场条件，政策必须具备调整和优化的能力，以应对各种不确定性，确保开发区在市场化进程中始终保持竞争优势。通过科学的政策引领，开发区得以在市场化管理体制下实现资源的高效配置，推动区域经济的持续高质量发展。

3.结合地方实际的政策适配

在开发区管理体制市场化改革过程中，政策的有效性取决于其是否能够根据地方的具体情况进行调整和适配，避免"一刀切"式的做法。各地区在经济基础、资源禀赋、产业结构、社会环境等方面存在明显差异，因此政策设计必须因地制宜，以充分适应每个地方在推进市场化改革时面临的独特挑战和机遇。

通过构建新型管理模式，开发区能够在市场化管理体制下，使公司更好地发挥融资和运营功能，从而推动区域经济的整体发展。政策设计和顶层规划必须基于地方的实际情况，确保改革措施的可操作性和效果。例如，经济发达地区可以更多地依赖市场机制，通过政策激励推动高端制造业和创新产业的快速发展，提升这些领域的竞争力和市场份额。而在经济欠发达地区，政策需要侧重于基础设施建设、人才引进和产业基础的培育，逐步缩小与发达地区之间的差距，确保这些地区也能稳步推进市场化改革。

在资源禀赋丰厚的地区，政策适配应注重优化资源利用，延伸产业链条，提升资源型产业的附加值，通过科学管理和技术创新推动传统资源型经济向现代化和智能化转型。对于那些资源匮乏但人力资本雄厚的地区，政策应引导发展创新驱动型经济，打造科技研发和创新创业高地，发展知识密集型产业，提升其在全球产业链中的竞争力。

政策适配还需要充分考虑地方的产业布局特点。某些地区以传统制造业为主，政策应侧重于产业升级和技术改造，帮助这些行业提升竞争力；而新兴产业聚集区的政策则应注重创新生态系统的建设，促进新兴技术和模式的有效落地与应用。在政策的引导下，地方政府应具有足够的自主性和灵活性，能够根据实际情况进行微调和优化，确保政策在具体实施中不因缺乏针对性而遭遇阻力。

政策设计应关注地方政府与市场之间的互动关系，确保地方政府在市场化进程中发挥引导和服务功能，而非过度干预市场运作。顶层设计需要为地方留足政策调整空间，使各地能够根据自身条件灵活调整政策的节奏和重点，确保市场化改革能够取得切实的效果。这种适配性政策既保障了市场化管理体制的整体目标得以实现，又提升了开发区的发展实效和长远竞争力。

4.整体性治理的政策协调性

整体性治理在开发区管理体制市场化改革中的作用尤为重要，尤其是在构建"管委会+公司"的新型管理模式时，各级政府部门之间的政策协调直接影响到改革的成效。市场化改革涉及多部门、多层次的利益协调，如果政策设计缺乏系统性和协调性，容易导致管理碎片化，降低治理效率，甚至引发政策冲突和重复管理问题。

在开发区管理体制市场化改革过程中，整体性治理的核心在于各部门职能的明确划分与高效协同。政策设计应当充分考虑到各部门在市场化改革中的职责，明确其责任和权限，避免职能重叠造成的重复管理或资源浪费。[①]这种明确的顶层设计，能够有效支持公司主体在融资和项目开发中的市场化运作，使其能够获得更大程度的灵活性和资金支持，从而推动开发区经济的高质量发展。

为了提升政策执行的效率，必须建立跨部门的信息共享与联动机制。各部门之间应打破壁垒，形成信息的高效流通与及时沟通，确保在改革过程中能够形成合力。整体性治理旨在消除管理上的孤岛效应，通过不同层级和部门之间的密切合作，确保政策从设计到执行都能够无缝衔接。这样一来，不仅可以减少因沟通不畅造成的延误与资源浪费，还可以确保市场化管理体制在实际操作中保持高效和一致。

在市场化管理体制下，地方与中央政府之间的协调也至关重要。顶层设计需要与地方实际情况相结合，确保政策在地方的实施过程中既具备指导性，又有可操作性，避免因政策脱离实际而影响改革进度。地方政府在执行层面必须保留一定的灵活性，以便根据具体情况调整政策的节奏和措施，有效应对不断变化的市场环境。

整体性治理不仅关注各部门之间的政策协调，还强调政策在复杂环境下的灵活性。各部门应具备根据市场和社会变化动态调整政策的能

---

①冯增赟.整体性治理视角下开发区（园区）管理体制的研究——以浙江省绍兴市为例[D].南京农业大学,2021.

力，避免政策僵化导致的管理失效。通过各级政府部门的紧密合作与协调，开发区的市场化改革能够顺利推进，确保构建的市场化管理体制在各个环节都能保持与总体目标的一致性，最终实现开发区治理效率和竞争力的全面提升。

5.政策保障的可操作性与执行力

在开发区管理体制市场化改革的过程中，政策保障的可操作性和执行力至关重要。顶层设计的目标是将宏观战略目标转化为具体的政策措施，以确保市场化改革能够有效落地。这一过程不仅关乎政策的制定，更关乎其在实际操作中的可行性和执行效果。构建"管委会+公司"的新型管理模式，使得政策必须能为公司主体提供明确的行动指引和支持，使其发挥融资和项目运作等功能。

政策设计必须避免过于理论化或缺乏执行细节，以免影响改革的进程和预期效果。市场化管理体制的有效运行依赖于各级执行者对政策内容的清晰理解，以及足够的资源和工具支持。政策的可操作性体现在明确的执行方案、简洁的条文内容和易于理解的规定上，以确保执行过程中的高效与精准。政策的透明度是避免执行误差和偏差的基础，简明的政策条文能够减少执行中的误解，提高执行效率。

政策执行力还受到外部因素的影响，如行政程序的复杂性、市场环境的变化，以及利益相关方的抵触等。在市场化改革的过程中，涉及资源分配和市场准入时，往往会遇到多重利益的冲突，可能导致政策执行受阻。因此，政策的设计和执行机制应提前考虑这些潜在的阻力，设定合理的解决方案和应对措施。有效的执行机制应包括反馈和调整机制，使得政策在实施过程中能够及时响应出现的问题，而不是僵化地执行既定措施，避免带来负面影响。

政策执行力的保障需要通过监督和问责机制来实现，确保政策执行者能够尽职尽责，防止执行的虚化或流于形式。政策的可操作性也体现在对资源的合理调配上，确保在政策实施过程中所需的资金、技术、人才等要素能够得到及时的支持与供给。公司主体的市场化运作功能在这一过程中得以发挥，其所需的融资和技术支持均需有相应政策的保障。

政策的执行是一个动态调整的过程，需要在面对不断变化的市场环境和改革需求时具备灵活性和前瞻性。通过建立有效的反馈机制和资源支持体系，政策的执行力能够得到保障，确保市场化改革的顺利推进，并最终实现开发区管理体制的现代化转型和经济高质量发展。

（二）产业布局与市场化导向

1.市场化导向下的产业定位

在开发区管理体制市场化改革的背景下，产业布局的核心任务在于明确产业定位，这是决定区域长期竞争力的关键。市场化导向的产业定位要求对市场需求、区域资源禀赋、产业结构和市场机会进行深入分析，以此为基础制定合理的产业发展战略。通过"管委会+公司"的新型管理模式，开发区可以在市场化管理体制下更好地优化产业选择，公司主体在这一过程中发挥着融资与市场化运作的核心作用，可以为区域产业的长远发展提供有力支持。

开发区的产业选择应紧密结合市场需求，充分利用区域的资源优势，同时瞄准未来市场需求和全球经济发展的趋势。这种市场化导向的产业布局能够为开发区的可持续发展奠定坚实基础，增强区域的产业竞争力。单一产业的依赖性会增加开发区在市场波动和全球产业链调整时的经济风险，因此产业布局应注重多元化，合理结合传统优势产业与新兴产业，确保不同产业间能够相互促进、协同发展。多元化的产业结构不仅可以有效分散市场风险，还能为区域经济带来更多的增长点。

在全球经济不确定性不断增加的背景下，开发区应通过引入高附加值产业、科技创新型产业和现代服务业，推动产业结构的优化升级，以提升整体经济质量。产业定位应与开发区的实际情况相匹配，充分考虑区域的资源条件、人才储备和基础设施水平。对于资源丰富的地区，政策应推动资源型产业与高附加值产业的结合，实现资源的高效利用和产业链的延伸；而对于资源匮乏但具备良好技术基础的地区，重点应放在发展高新技术产业、信息技术产业等知识密集型产业上，以发挥技术优势。

市场化导向的产业定位还需要关注全球市场的变化趋势和区域对外开放水平。开发区应积极参与国际市场竞争，通过吸引外资和技术合作，提升区域的国际竞争力。这样的产业布局不仅是对当前市场环境的积极回应，更是针对未来市场机会的提前布局，从而确保开发区在市场化改革中始终走在前列，保持持续的经济增长和竞争优势。

2.强化产业集群效应与上下游协同

在开发区管理体制市场化改革中，强化产业集群效应与上下游协同是提升区域竞争力和优化资源配置的关键手段。通过构建"管委会+公司"的新型管理模式，开发区得以实现政府的政策引导与企业的市场化运作相结合，使公司主体在融资、资源整合和产业链延伸等方面充分发挥作用，进而推动产业集群和上下游产业的协同发展。

产业集群不仅是企业地理上的集聚，更是企业间协同创新和生产合作的体现。合理的产业布局可以促进主导产业与相关上下游配套产业的紧密联系，形成高效的产业链条，增加企业间的合作深度和整体竞争力。[①]通过企业之间的技术共享、知识转移和创新合作，产业集群效应可以帮助企业降低生产成本，提高生产效率，并实现规模经济。市场化手段在推动产业集群过程中起着关键作用，公司主体能够根据市场需求进行产业选择和资源配置，政府则通过政策引导，支持主导产业和配套产业的协调发展。

上下游企业的协同效应在增强区域经济稳定性方面具有重要意义，尤其是在市场波动性较大时，集群内企业可以通过共享资源和信息，迅速调整生产计划和供应链，避免因外部冲击而导致产业链中断或市场失灵。通过集群化发展，企业可以最大限度地减少重复投入和资源浪费，增强区域内产业的整体抗风险能力和经济活力。

产业集群的形成不仅提升了区域经济的资源利用效率，还吸引了更多的资本、技术和人才流入，进一步提升了区域的创新能力和经济增长潜力。集群内企业的相互竞争与合作能够推动技术进步和产业升级，使得区域内的产业结构更加合理和优化。此外，产业集群为中小企业提供了更多的发展机会，它们可以依托集群中大型企业的技术和资源，获得更多的合作渠道和创新机会，提升自身的竞争力。

通过降低交易成本和物流成本，产业集群还能增强区域的对外开放能力和国际竞争力。在市场化改革的背景下，强化产业集群效应与上下游协同是提升开发区整体产业竞争力的有效途径，也是实现经济高质量发展的必要举措。通过这种协同效应，开发区不仅可以实现各类企业在产业链中的良好定位，还能够确保区域经济在不断变化的市场环境中保持持续增长和竞争优势。

---

①陈艳.经济开发区产业集群的问题与对策[J].企业改革与管理,2011(06):15-18.

3.优化产业结构与提升附加值

市场化改革的核心在于通过优化产业结构，提升区域内产业的附加值，以使开发区能够适应现代经济发展的需求并保持竞争力。在构建"管委会+公司"的新型市场化管理体制下，开发区能够更加有效地推动资源配置和产业转型。公司主体在这一管理体制中应充分发挥融资和市场化运作的作用，为高附加值产业的发展提供支持与保障。

传统低端制造业曾在开发区的经济增长中扮演重要角色，但随着全球市场竞争的加剧和技术变革的快速推进，单纯依赖低效、低端的产业模式已无法为开发区提供持续的竞争优势。因此，产业布局必须向高附加值方向转型，推动创新型产业和高技术含量产业的发展。这些产业不仅具有较高的市场回报率，还能带动区域内整体技术水平的提升，实现从数量扩张向质量增长的转变。通过市场化的引导，资源配置向高附加值领域倾斜，开发区将能够吸引更多的创新型企业和高素质人才，进一步实现经济结构的升级与优化。

在产业转型过程中，传统制造业的升级改造也是重要环节。简单地淘汰传统产业并非最佳策略，而是应通过技术创新、智能化改造以及绿色发展的手段，使传统产业逐步向高端制造业转型。例如，利用自动化和数字化技术提升生产效率，减少资源浪费，实现可持续发展。这种转型不仅提高了传统产业的竞争力，还为区域整体的产业升级创造了条件。

新兴产业的引入和发展需要强大的政策支持和引导，通过提供税收优惠、土地使用优惠以及技术研发的支持，政府能够营造一个鼓励创新的产业环境。产业链的完善和延伸也是提升附加值的重要途径，应鼓励上下游企业协同合作，形成完整的产业生态系统，以增强整体产业竞争力。公司主体在此过程中应利用市场化管理体制，为企业提供融资和产业链整合服务，进一步推动产业集群的形成和发展。

开发区应注重吸引具备核心技术和强大创新能力的企业入驻，实现从劳动密集型产业向知识密集型产业的转变。在全球化的背景下，产业升级不仅要满足国内市场的需求，还要积极参与国际市场，融入全球价值链，以提升开发区在国际分工中的地位。对于具有较强技术储备和创新能力的地区，重点应放在发展高新技术产业、信息技术和生物医药等领域，推动产业向价值链高端攀升。而对于资源相对有限的地区，应引导企业加强技术引进和自主创新能力的建设，以提升整体产业竞争力。

4.减少行政干预，激发市场活力

减少行政干预，激发市场活力是市场化改革的核心理念之一，尤其是在推动产业结构优化和提升产业附加值的过程中。传统的行政干预方式虽然在早期为开发区的经济发展提供了一定的制度保障和资源配置便利，但是随着经济环境的复杂化和全球竞争的加剧，过度的行政干预可能会抑制市场的自发调节能力，限制企业的自主创新和市场活力。市场化改革要求将资源配置的主导权交还给市场，让企业能够根据市场需求进行自由竞争和资源调整。通过减少政府对企业经营的直接干预，可以释放更多的市场活力，促使企业自主创新，提高生产效率，推动区域经济从低效、低端的产业模式向高附加值产业模式转型。行政干预的减少不仅可以避免政府与市场之间的职能重叠，还可以减少资源浪费和不必要的行政成本，促进资源的合理分配。在市场化导向下，创新型企业、高技术含量的产业更容易在充分竞争的环境中获得发展空间，进而推动整个区域的产业结构优化。对于开发区而言，减少行政干预并不意味着完全放任自流，政府的角色应从直接管理转向为市场主体提供政策支持、基础设施建设和法律保障，尤其是在保障市场公平竞争、提供公共服务和保护知识产权方面发挥关键作用。这样，市场机制能够更有效地发挥作用，推动企业之间的良性竞争，激发创新潜力。政府在产业转型升级过程中，应当引导企业从劳动密集型、低附加值的加工制造业，逐步转向知识密集型、创新驱动型的高技术产业，并通过配套政策推动传统产业进行技术改造和升级。减少行政审批的烦琐环节，简化企业注册、经营许可等流程，也有助于提升市场效率，让企业能够更加灵活地应对市场变化，快速做出经营决策。尤其是在面对全球市场竞争时，灵活高效的市场机制比僵化的行政干预更能适应不断变化的外部环境。激发市场活力还能吸引更多外资和高素质人才进入开发区，进一步增强区域的创新能力和产业竞争力。总之，减少行政干预与激发市场活力是推动产业结构优化和提升产业附加值的关键途径，能够为开发区的持续发展提供强大动力。

5.推动创新驱动型产业发展

推动创新驱动型产业发展是开发区产业布局中的核心任务，也是市场化改革中的关键环节。通过构建"管委会+公司"的新型市场化管理体制，开发区可以充分发挥公司主体在融资和资源整合方面的作用，助力创新驱动型产业的集聚与发展，从而提升区域竞争力和产业附加值。创新驱动型产业作为现代经济增长的引擎，其在开发区的布局中，应注重创新资源的高效配置和聚集，形成良好的创新生态系统。

市场化手段在推动创新驱动型产业发展过程中具有核心地位。完善的市场机制可以调动企业的创新积极性，促进创新资源的有效流动和配置。在这一过程中，科技企业、高新技术产业和新兴服务业应作为创新驱动型产业的重点领域发展。这些行业具有高技术含量和强市场需求，通过技术创新和商业模式革新，可以为区域经济注入新的增长动力。为了实现这一目标，政策引导需为这些行业创造良好的市场环境，提供资金、技术和人才的支持，尤其是在市场化激励机制下，吸引更多创新型企业落户开发区，进一步提升区域的科技研发能力和产业转化效率。

推动创新驱动型产业发展的核心在于促进创新成果的产业化，确保科技创新与市场需求紧密对接。市场化改革的目标是将更多的创新成果转化为实际的市场产品和服务，形成可持续的经济增长点，而不仅仅停留在实验室或理论层面。通过构建完善的创新生态系统，可以实现企业、科研机构和资本市场之间的良性互动，推动创新链与产业链的深度融合。这样的生态系统不仅能够激发企业的内生动力，还能吸引外部资源进入开发区，为区域的长期发展提供持续的创新支持。

新兴服务业在创新驱动型产业发展中同样扮演着重要角色，特别是在数字经济时代，信息技术、人工智能和大数据等行业的快速发展为区域经济提供了广阔的发展空间。创新驱动不仅体现在高新技术产业和科技企业的增长上，还体现在传统产业通过技术创新实现转型升级的过程。创新并非新兴产业的专属手段，也是推动传统产业提质增效的重要途径。通过技术改造、管理创新和商业模式创新，传统产业可以突破原有的低效模式，实现从劳动密集型向技术密集型、从低附加值向高附加值的转型，从而进一步提升开发区的整体产业竞争力。

6.发展区域特色产业，提升竞争优势

在产业布局中，发展区域特色产业是提升竞争优势的重要策略。每个区域都有其独特的资源禀赋、产业基础和市场条件，这为开发区形成自身的特色产业提供了优势。通过挖掘和利用这些优势，开发区可以在区域竞争中占据独特地位，增强经济发展的韧性和持续性。区域特色产业不仅是地方经济发展的支柱，还是区域品牌的核心载体，能够吸引更

多的资本、技术和人才流入。在市场化改革背景下，区域特色产业的发展不仅依赖政府的政策引导，还需要通过市场化手段提升产业的自主创新能力和竞争力。创新驱动是发展区域特色产业的核心。科技企业的技术突破和产业升级，可以为区域特色产业注入新的活力，进一步提升其市场竞争力和附加值。高新技术产业、新兴服务业等创新型产业与区域特色产业的结合，能够创造出更多的经济增长点，推动区域内形成多元化的产业体系。[①]市场化手段在区域特色产业的发展中起着至关重要的作用，能够有效促进资源的合理配置、优化企业间的竞争环境，推动区域特色产业在全球市场中占据一席之地。特色产业的打造需要综合考虑区域的自然资源、历史文化、产业链布局等多方面的因素，将区域的传统优势与现代技术相结合，形成具有区域特色和市场竞争力的产业集群。比如，某些区域可能在农产品加工、生态旅游、手工艺品制造等方面具备天然优势，这些特色产业如果能够结合现代科技手段和市场需求进行创新和升级，将能够大幅提升其在全国乃至全球市场中的竞争力。区域特色产业的成功发展，不仅需要政策支持，还要通过创新推动产业转型升级，提升其整体竞争力和抗风险能力；要充分利用区域的独特资源，结合现代化的管理和生产模式，打造品牌效应，形成区域差异化的产业优势。政府在发展区域特色产业中，应以引导和扶持为主，尊重市场规律，减少不必要的行政干预，让市场在资源配置中发挥主导作用。政府可以提供必要的政策支持，如税收优惠、金融支持、人才引进等，为特色产业的健康发展提供有力的保障。在国际竞争加剧的背景下，发展区域特色产业还可以帮助开发区在全球市场中实现差异化竞争，避免与其

---

①唐坚.以特色优势"域"产业推动区域经济高质量发展研究[J].现代工业经济和信息化,2024,14(07):38-40.

他区域在同一市场中进行无序竞争。通过参与国际标准制定和跨国合作，特色产业的国际化发展不仅能够提升区域经济的外向度，还能够进一步增强区域的国际影响力，为区域的长期可持续发展奠定基础。

四、发展保障与公共服务建设

在开发区市场化改革的进程中，发展保障与公共服务建设成为推动区域经济高质量发展和提升竞争力的关键因素。土地资源的优化配置与空间保障，是确保产业布局合理、资源利用高效的重要基础；创新驱动与人才保障，则是增强区域科技创新能力和产业竞争力的核心动力；而完善的基础设施与公共服务体系，不仅能为企业运营和人才集聚提供有力支撑，还能为区域一体化和可持续发展奠定坚实的基础。通过市场化手段，构建"管委会+公司"的新型管理体制，能够有效整合政府的政策引导与公司主体的市场化运作优势，实现土地资源的高效配置、创新生态环境的优化，以及基础设施的智慧化升级。下文将从土地资源优化与空间保障、创新驱动与人才保障、基础设施与公共服务建设三个方面，深入探讨在新形势下推动开发区发展保障与公共服务建设的有效策略和方法。

（一）土地资源优化与空间保障

1.土地资源市场化配置的核心理念

土地资源市场化配置的核心理念在于通过市场机制的有效运作，确保土地的合理利用和资源的高效配置，从而推动区域经济的可持续发展。土地作为一种稀缺资源，其利用效率直接关系到开发区整体经济发展的质量和长期竞争力。在传统的行政干预模式下，土地分配虽然具备一定的指导作用，但是过度的干预和资源配置的低效，往往导致土地浪费或不当使用。[①]而通过市场化改革，可以减少政府对土地资源的直接控制，更依赖市场力量来决定土地的最优配置，实现开发区土地利用的最大化。

构建"管委会+公司"的新型市场化管理体制，为土地资源市场化配置提供了有利的制度基础。在这一体制下，管委会负责制定土地利用的总体规划和进行政策指导，而公司主体则可以通过市场化方式进行土地资源的灵活配置和优化利用。土地使用权的灵活转让和配置机制能够有效促进土地在不同行业、不同用途之间的合理流动和分配，满足市场和企业的多样化需求，防止土地因僵化的使用制度而闲置或低效利用。这种市场化的土地配置不仅提高了开发区的经济效益，还使得土地价格可以更真实地反映市场的供需状况，为企业决策提供准确的参考依据。

在市场化管理体制下，企业获得土地资源后，能够根据自身生产经营的需要灵活制定用地策略，从而实现土地的经济价值最大化。在这一过程中，土地资源的市场化配置使得新兴产业的发展具备了更好的空间支持，尤其是在创新型和高附加值产业的引入上。开发区通过市场手段灵活配置土地资源，可以有效满足这些企业对于灵活用地的需求，推动区域产业结构向高附加值方向转型，提升整体产业布局的水平。

土地资源的市场化配置在优化开发区整体产业布局的同时，也能够避免过度集中的土地开发模式，减轻环境负担，推动绿色发展。市场化配置机制使得土地在不同行业和企业之间实现高效流动，为高质量发展提供支撑。政府在这一过程中应从直接分配者转变为监管者和服务者，

①罗小龙,杨凌凡,唐蜜. 新发展格局下城际合作共建园区的发展与制度创新 [J]. 城市学刊, 2024, 45 (03): 1-7.

确保土地交易的公开、公平和透明，防止市场垄断或投机行为。通过政策引导和市场激励，政府能够促进土地的合理开发和节约利用，鼓励企业以可持续发展的方式进行土地开发，最大限度地加大土地资源对区域经济发展和产业布局的贡献。

2.创新土地开发模式：资本大循环与滚动开发

土地资源的有效利用不仅依赖于传统的规划和分配方式，还需要创新的开发模式来实现资源的最大化利用和提升经济效益。在开发区管理体制的市场化改革中，构建"管委会+公司"的新型模式，使得土地资源的开发可以通过更灵活的资本运作和市场化手段来实现。这种体制为实施"资本大循环"和"滚动开发"模式提供了制度保障和运作基础，充分发挥了公司主体在融资和开发中的核心作用。

资本大循环模式通过将土地资源的开发与资本运作紧密结合，提升了土地开发过程中资金流动的顺畅性和开发的可持续性。开发区能够通过这一模式吸引外部资金参与土地开发，减少对单一财政资源的依赖，采用多元化的融资手段来推动土地的逐步开发和商业化。资本大循环使得大规模的土地开发项目可以被分为多个阶段进行，每个阶段的投资和回报都能够实现相对平衡，减轻了开发初期的资金压力并确保了项目的可持续推进。

滚动开发模式将土地的开发和建设划分为多个阶段或区域，逐步完成并利用收益反哺后续阶段。这种开发方式的优势在于，能够根据市场需求的变化进行动态调整，从而保证开发的灵活性和经济效益的最大化。通过滚动开发，开发区在土地资源有限和市场需求不确定的情况下能够有效控制项目风险，避免因供需失衡导致的土地闲置或开发过剩。特别是在市场环境多变的情况下，滚动开发为开发区提供了一种稳健、高效的土地利用途径，同时减少了土地资源的浪费，提升了整体的土地利用率。

将资本大循环与滚动开发相结合，开发区不仅能够灵活应对市场需求变化，还能够提升资金的周转效率，降低开发风险，确保土地资源利用的持续性与高效性。这种创新的土地开发模式使公司主体得以利用灵活的资金运作实现快速发展，短期内通过多阶段、多领域的资本投入实现快速的产业集聚，而长期则通过土地增值和持续的产业升级，获得稳健的经济回报。在这一过程中，政府作为监管者和协调者，保障土地开发的公开、公平和透明性，并通过政策支持和创新融资工具，帮助企业和开发者有效利用土地和资本，实现土地资源的高效配置和区域经济的可持续增长。

3.土地空间规划与产业布局协调

土地空间规划与产业布局的协调是开发区规划中的核心任务之一，目的是确保资源的高效利用和产业发展的长期可持续性。在开发区管理体制市场化改革中，"管委会+公司"新型管理模式的构建，使土地空间规划能够与市场需求紧密结合，由公司主体发挥融资功能和市场化运作功能，以实现土地与产业需求的有效对接。

土地资源作为稀缺资源，必须与不同产业的需求相适应，才能充分发挥其经济效益。[1]制造业、科技创新型产业、服务业等各类产业在用地要求、基础设施配置以及生态环境保护等方面具有显著差异。因此，土地空间规划需要根据各类产业的具体特点进行精细化分区，以保障产业功能区的合理布局和集群发展。通过市场化管理体制，可以让公司主体

---

① 许威.土地资源管理与国土空间规划之间的关系研究[J].房地产世界,2024(07):62-64.

根据实际的产业需求，动态调整土地分区规划，确保土地的合理分配和产业的集聚效益。

合理的土地空间规划不仅有助于优化土地资源的配置，还能够推动产业集群的形成和发展，增强区域的产业竞争力。产业集群的形成依赖于科学的空间分布和合理的产业布局，紧密的产业链条和上下游企业需要在地理上保持适当的距离和联系，以实现资源共享、降低运输成本，并增强产业链整体的竞争优势。因此，土地规划在产业布局上应为企业之间的协同合作提供便利，以实现产业集聚带来的经济效益最大化。

在制造业集中的区域，土地规划应注重配套基础设施的建设和产业链上下游的空间配置，确保原材料供应、生产加工和物流运输等环节能够高效衔接，进而降低企业的运营成本。而对于以高新技术产业和服务业为主的区域，土地规划则应侧重于提供良好的研发环境、技术支持和配套服务，以增强区域的创新能力和发挥知识溢出效应。市场化手段使得公司主体在配置土地资源时，可以更精准地满足不同产业的多样化需求，促进这些产业的协同发展和创新突破。

土地空间规划与产业布局的协调还应当结合区域的整体发展战略，既要回应当前的产业需求，又要为未来的高端产业和新兴技术预留足够的发展空间。这样的前瞻性规划确保了在产业升级和技术迭代的背景下，土地资源能够灵活支持新兴产业的进入和发展，提高土地的利用效率和经济附加值。

对于生态敏感区和环境保护要求较高的区域，土地空间规划应结合绿色发展理念，确保产业发展与环境保护相互促进，通过绿色基础设施的建设和环保技术的应用，推动形成可持续发展的绿色产业集群。土地空间规划与产业布局的协调，是统筹经济效益、环境保护和社会效益的系统性工程，确保开发区能够充分发挥土地资源的潜力，实现高效和可持续的产业增长。

4.土地利用的集约化与可持续性

在开发区的市场化改革中，土地利用的集约化和可持续性对于推动高效和可持续的发展具有至关重要的意义。随着土地资源的日益稀缺，传统的粗放型开发模式已经难以适应现代经济的需求，必须通过更加精细化和高效的方式对土地进行管理和利用。通过"管委会+公司"的新型市场化管理体制，土地资源的管理得以更有效地与市场需求对接，使公司主体在土地集约化利用方面充分发挥其融资和创新开发功能，推动土地资源的最大化利用和经济效益的提升。

集约化的土地利用意味着在有限的土地上实现更高的经济产出和产业聚集效应，并提升区域的技术创新能力。这种利用模式强调对土地功能的优化配置，通过精确规划和合理开发，确保每一块土地都能发挥其最大的经济和社会效益。在开发区内，通过集约化的土地利用，可以有效避免土地资源的浪费，减少因低效或无效使用导致的闲置问题，进而通过高效的空间布局提升整体的产业生产效率和资源利用效率。通过优化基础设施和产业配套设施的配置，集约化利用模式为企业和投资者创造了更加高效便捷的营商环境，提升了开发区的整体竞争力。

土地利用的可持续性要求在开发过程中始终保持对环境保护和生态平衡的关注，避免土地的过度开发和生态系统的破坏。集约化利用模式与绿色发展理念相结合，意味着在规划阶段纳入绿色基础设施的建设，确保开发过程中的环境友好性。通过推广节能减排技术、推行绿色建筑标准和优化产业结构，可以有效减少开发过程中的资源消耗和污染物排放，推动形成低碳、环保的产业模式。这样的绿色发展不仅提升了土地的长期价值，也为开发区的经济、社会和环境可持续发展提供了基础。

为了进一步实现土地的高效和可持续利用，开发区应大力引进高新技术产业和创新型企业，提升土地的知识密集度和技术含量，促进产业从劳动密集型向技术密集型的转型。这种转型不仅能够带来更高的经济回报，还能够减少对环境的过度依赖，降低资源的消耗。在市场化管理体制下，公司主体在土地集约化利用中通过融资功能和市场化运营手段推动高新技术企业的集聚，从而加速产业的升级和转型。

为了保障土地利用的可持续性，开发区需要加强对土地资源的长期监测和管理，确保在开发过程中，土地的利用强度与生态保护之间保持平衡，避免过度开发导致环境恶化或资源枯竭。土地的集约化和可持续利用依托于政策支持与市场机制的结合，政府在这一过程中应通过制度上的保障，鼓励企业和开发者采用更加高效和环保的土地使用方式，推动资源的循环利用和再生开发。这一模式为开发区应对资源约束和环境压力提供了有效解决方案，也为区域经济的长期稳定增长奠定了坚实的基础。

5.基础设施建设与空间保障

土地资源的优化不仅涉及开发用地的合理分配，还需要与基础设施的规划和建设紧密结合，以支持开发区的长期经济发展。通过"管委会+公司"模式的市场化运作，实现基础设施与土地开发的统筹协调，公司主体在此过程中通过融资和运营发挥了关键作用，为开发区的整体发展提供了稳定的基础和动力。

土地开发的科学规划是基础设施配置的前提，而基础设施的完善程度又直接影响土地利用效益。交通、通信、供水、供电等基础设施的建设，不仅提升了土地的使用效率，还为各类产业的发展创造了必要的基础条件。完善的交通网络能够有效减少企业的物流和运输成本,提高生产效率和市场竞争力;而通信基础设施则为信息流通和技术创新提供了便利条件,使企业能够迅速响应市场需求并灵活调整生产策略。供水供电等公共服务设施的完善,保障了企业的生产需求,使得开发区内的企业运营能够得到持续和稳定的支持,避免了基础设施不足而导致的生产中断或运营困难。

在空间规划过程中,基础设施的合理布局对开发区的投资吸引力有着重要的影响。高效的基础设施配置不仅可以降低企业的运营成本和提高土地的利用效率,还能够增强开发区对外部投资的吸引力,吸引更多优质企业和人才。在市场化改革的背景下,基础设施不仅是企业正常生产的保障,还是提升开发区整体竞争力的关键因素。对于投资者而言,基础设施的完善程度是选择投资区域的重要考量因素。完善的基础设施可以为企业提供更为稳定的生产环境和高效的物流支持,使开发区在区域竞争中占据优势地位。

基础设施建设的影响力不局限于开发区内部,还能通过带动周边区域的经济发展,形成以开发区为核心的产业集聚区,促进整个区域的经济繁荣。在空间保障方面,不仅需要考虑到当前的土地开发与利用,还应为未来的发展预留充足的基础设施扩展空间。开发区在进行土地资源规划时,应将未来可能出现的产业升级和人口增加所带来的需求变化纳入考虑,通过前瞻性的基础设施规划,为未来的产业发展和城市扩展提供空间保障。这种规划确保基础设施具备灵活性和可扩展性,能够适应快速变化的市场环境和产业需求。

（二）创新驱动与人才保障

1.创新驱动对市场化改革的核心作用

创新驱动在开发区市场化改革中发挥着核心作用，它不仅是推动区域经济增长的关键动力，也是确保长期竞争优势的重要因素。在构建"管委会+公司"的新型市场化管理体制时，创新驱动成为促进产业升级和增强区域竞争力的主要路径。在这一体制中，公司主体通过有效的市场化运作和融资功能，能够推动创新资源的高效配置和技术成果的产业化。

科技创新是提高企业生产效率和优化资源配置的关键因素，通过技术进步，企业能够更有效地运用土地、资本和劳动力，推动整个开发区的产业结构升级。创新驱动的核心在于促进高附加值产业的发展，同时推动传统产业的更新换代，使这些产业摆脱低技术、低效益的模式，逐步向高技术、智能化的方向转型。通过科技创新，开发区得以形成多元化的经济发展路径，它不仅提升了区域整体的竞争力，还为区域经济注入了新的活力。

市场化改革的成功依赖于创新驱动，特别是在应对全球化背景下的激烈竞争和不断变化的市场需求时，科技创新能够为区域经济注入可持续发展的动力。创新驱动使得开发区能够由劳动密集型经济向知识密集型经济转型，引入新技术、新产品和新模式，吸引更多高科技企业的入驻，提升区域的产业层次和整体附加值。在此过程中，企业的研发能力和技术创新成为衡量区域竞争力的重要标准，创新驱动有助于开发区在全球产业链中占据更高的位置，实现从跟随型发展向引领型发展的转变。

创新驱动还能够有效促进产业集群的形成，通过技术共享、资源整合以及产业链上下游的协同发展，进一步增强产业的整体竞争力。这种集群效应不仅推动了区域内主导产业的发展，还带动了相关服务业的快速增长，包括研发服务、技术咨询和知识产权保护等新兴服务业，为区域经济提供更多的增长点。通过创新驱动，开发区得以形成一个以科技创新为核心的产业生态系统，推动上下游企业的共同发展，促进区域内产业的良性循环和可持续发展。

创新驱动的作用不局限于技术和产业层面，还在于对区域经济和社会的综合提升。通过科技创新带动市场化改革，开发区能够创造更多的就业机会，提升居民的生活水平，吸引高素质人才的引进和培养，为区域的长期经济增长提供持续的支持。正是在市场化管理体制的推动下，创新驱动成为开发区经济发展中不可或缺的力量，有效增强了区域的综合实力，使开发区在国内外市场中保持竞争优势。

2.加强研发能力与技术创新体系建设

在推动开发区的市场化改革中，研发能力的提升和技术创新体系的建设是至关重要的环节。通过构建"管委会+公司"的新型管理体制，开发区能够有效地整合政府引导与公司主体的市场化运营优势，使公司主体在研发投入和技术创新中进一步发挥市场化融资和资源配置功能，从而推动区域经济的高质量发展。

加强研发能力能够显著提升企业的核心竞争力，促进区域产业结构的升级与优化。通过加大对科技研发的资金投入，开发区支持企业在技术创新和产品研发方面进行持续改进，以适应市场需求的变化和提高生产效率。技术创新体系的完善需要各方力量的协同，包括政府、企业、科研机构和高校等，通过建立创新平台，能够推动资源整合和协作创新，提升整体创新能力。科技研发中心、技术孵化器等创新载体的建设，能够为企业提供从研发到市场推广的全流程支持，促进科技成果的快速转化与应用。

技术孵化器的作用在于为初创企业和创新项目提供低成本的研发环境和共享资源，使得更多的创新成果能够及时转化为市场化的产品，提升新技术和新产品的应用效率。通过搭建创新平台，不仅可以促进企业间的技术合作，还能推动区域内产业链上下游的协同发展，增强整体产业的技术创新能力。特别是在高新技术产业和智能制造等领域的创新支持，是提升开发区竞争力的关键手段。高新技术产业凭借高附加值和强大的市场驱动力，能够显著带动区域经济的快速增长；而智能制造则通过引入智能化设备和生产技术，提升生产效率和质量，推动制造业向数字化、智能化方向转型，使开发区在全球科技竞争中占据有利地位。

为了保障技术创新体系的有效运行，知识产权保护机制的完善是不可或缺的一部分。有效的知识产权保护能够确保企业和个人的创新成果得到保护，激发其更多创新活力。政府在这一过程中需要扮演引导者和支持者的角色，通过提供政策优惠、资金扶持和创新奖励等方式，鼓励企业加大研发投入，推动技术创新。通过设立技术创新基金和引入风险投资等手段，开发区能够帮助企业解决技术创新中的资金问题，降低创新风险。

3.人才引进与培养机制的构建

在开发区市场化改革的背景下，人才是推动创新和提升区域竞争力的核心要素。通过构建"管委会+公司"的新型管理模式，开发区能够在市场化条件下，优化人才引进和培养机制，利用公司主体的市场化运作和融资功能，进一步强化人才资源对创新和产业升级的支撑作用。

创新驱动的发展战略高度依赖高素质的人才队伍，只有通过完善的人才引进和培养机制，才能为开发区的技术创新和产业升级提供持续的动力。为吸引更多高端人才和技术专家的加入，开发区需要通过个人所得税返还、人才公寓配租等政策激励，叠加5G智慧园区等新型基础设施建设以及完善的公共服务，营造良好的工作和生活环境，打造有吸引力的创新创业生态系统。开发区应在市场化运作的基础上，构建多样化的激励机制，增强对国内外高层次人才的吸引力，特别是具有全球视野和国际经验的创新型人才。这类人才的引进能够推动国际合作与技术交流，提升区域的科技水平和创新能力。

人才引进机制的成功不仅依赖于外部人才的引进，还应通过构建完善的本地人才培养机制，确保区域内人才资源的持续供给。开发区应加强与高校、科研机构和企业的紧密合作，搭建产学研合作平台，提供更多的培训和实践机会，提升本地人才的创新能力和技术水平。[1]通过设立奖学金、科研经费支持等方式，政府和企业可以鼓励年轻科研人员和工程师在关键技术领域进行深入研究和创新，确保区域内的科研人才储备更加充足。

在这一过程中，人才培养机制应不仅限于技术人才，还应覆盖管理人才、市场人才等多个领域的人才，确保开发区创新型经济发展中所需的各类人才储备充足。一个全面的人才培养体系应具有长远性和持续性，通过优化教育体系、完善培训机制，构建起梯队化的人才储备模式，确保各层次的创新型人才都能够在开发区内得到成长和发展机会。

开发区还应建立健全的人才服务保障体系，为引进的高端人才提供居住、医疗、教育等方面的配套服务，确保他们能够在开发区内稳定工作和生活。这种全方位的服务保障不仅能够提高人才引进后的稳定性，

---

① 王春娥.人力资源管理对开发区经济高质量发展贡献度的分析研究[J].经济管理文摘,2021(18):109-110.

还有助于增强人才的归属感。

4.创新型企业与市场需求的紧密结合

推动创新型企业与市场需求的紧密结合，是确保科技创新成果能够快速转化为市场化产品或服务的关键。在开发区的市场化改革中，通过构建"管委会+公司"的新型管理体制，公司主体得以在市场化条件下更加灵活地应对市场需求，将创新驱动与市场导向紧密结合，以推动科技成果的高效转化和区域经济的发展。

创新型企业的核心任务不仅在于技术突破，还在于将技术与市场需求有效结合，使得研发成果能够切实满足消费者和行业的实际需求。通过市场导向的研发模式，企业可以更准确地把握市场变化的趋势，及时调整产品设计、优化生产流程和加强技术应用，确保其创新成果能够迅速进入市场并产生经济效益。这种市场导向的创新不仅可以提升企业的竞争力，还能增强整个开发区的市场适应能力和产业竞争力。

开发区内的创新型企业应当密切关注全球市场的动态，运用数据分析和市场调研，准确了解消费者的需求变化、技术迭代的节奏和产业发展趋势，从而使技术研发更加贴合实际市场的需要。科技创新不应停留在实验室或技术层面，而应通过产业化路径迅速实现实际应用，以推动区域经济的持续增长和高质量发展。企业在创新过程中，必须始终以市场需求为指引，确保其创新成果符合市场实际，从而在激烈的竞争中脱颖而出。

企业还应建立灵活的生产和研发机制，保证在市场需求发生变化时，能够迅速调整战略以适应市场的新需求。在开发区市场化管理体制下，公司主体可以利用其在融资和资源整合方面的优势，为创新型企业提供灵活的资金支持和进行资源配置，促进技术研发的有效进行和成果转化。同时，通过打造完善的创新生态体系，开发区能够为企业提供从技术研发到产品投产、市场推广的一体化服务平台，使得创新型企业的技术和产品能够以更快的速度实现商业化。

市场化的创新驱动不仅推动了企业的技术进步，还为区域经济带来了更多增长动力。科技创新成果的迅速转化，推动了产业升级，提高了区域内企业的生产力和产品附加值，使得开发区在国内外市场中的竞争力进一步增强。创新型企业还需要与市场中的其他角色，如资本、政府、科研机构和消费者等紧密合作，形成多方协同的创新机制，共同推动技术进步与市场应用的无缝对接。这种协同创新机制不仅有助于提高技术成果的市场转化率，还能为区域经济带来新的增长点。

市场需求是不断变化的，创新型企业需要具备较强的市场感知能力和灵活性，能够根据市场反馈及时调整产品和技术方向，以保证其在市场竞争中保持领先地位。通过推动创新驱动与市场需求的紧密结合，开发区可以打造出一个以市场为导向的创新型产业生态系统，使得区域内的产业结构更加优化，增强市场适应能力，实现高质量和可持续的经济发展。

5.优化创新生态环境与发挥产业集聚效应

优化创新生态环境和发挥产业集聚效应是提升开发区整体竞争力的关键环节。在市场化改革的背景下，通过"管委会+公司"的新型管理体制，开发区得以在市场化条件下推进创新生态系统的构建，充分利用公司主体的融资和市场运作功能，实现资源的高效配置和产业集聚的最大化效益。

一个良好的创新生态环境能够吸引创新企业、科研机构和高端人才的聚集，形成持续的创新动力。政策引导在这一过程中起着至关重要的作用，通过提供研发资金、减税、创新奖励等方式，激励企业加大对技术创新的投入。在市场化管理体制下，公司主体通过多元化的融资手段，支持企业和科研机构的创新活动，确保在技术研发和产品开发过程中获得充足的资金和资源支持。此外，加强与科研机构的合作，是形成技术创新持续动力的有效路径，这种合作能够有效促进技术成果的快速转化和应用。

基础设施的完善是创新生态环境的物质基础，交通、信息网络、科技孵化器和研发中心等基础设施的建设，可以为创新活动提供便利，帮助企业加速将技术成果市场化。在市场化条件下，公司主体可以更好地推动基础设施投资和建设，为企业和科研人员提供高效的研发和创新环境，从而提高整体的创新效率和产业竞争力。通过政策支持和基础设施建设的结合，开发区可以吸引更多的高新技术企业和科研机构入驻，逐步形成集技术研发、创新应用和市场推广于一体的产业集群。

产业集群效应在发挥企业间的协同效应和降低成本方面具有显著作用，尤其是在产业链上下游的合作中，创新型企业可以依托集群效应共享资源，提高整体的创新效率和市场竞争力。上下游企业之间的紧密合作不仅能够加速技术创新和新产品的开发，还能降低生产和物流环节中的时间成本，提高企业对市场需求的响应速度。在市场化管理体制下，公司主体可以协调集群内的资源配置，推动企业之间的协作，最大化发挥集群效应对创新效率的促进作用。

产业集群的形成和发展，还能够带动区域内其他相关服务行业的成长，形成更为多元化的产业结构，增强区域经济的稳定性和抗风险能力。通过规模效应，集群内企业能够有效降低研发和生产成本，吸引更多的资金、技术和人才流入区域，进一步增强开发区的整体竞争力。为了促进创新生态环境的进一步优化，开发区应加强与高校和科研机构的合作，搭建产学研合作平台，确保最新的科研成果能够迅速转化为实际应用，从而推动技术创新的商业化进程。政府在这一过程中，扮演协调者和推动者的角色，促进企业、科研机构和投资者之间的沟通与合作，确保创新活动顺利进行并取得显著成果。

6.推动产学研合作，提升科技成果转化效率

在开发区的市场化改革背景下，产学研合作是实现创新驱动发展的重要手段。通过高校、科研机构和企业的协同创新，能够有效加速科技成果的产业化进程，将前沿技术迅速转化为市场化应用，从而提升区域的整体竞争力。构建"管委会+公司"的新型管理体制，为推动产学研合作提供了制度和资源保障，通过市场化手段和公司主体的作用，可以进一步促进技术研发、成果转化和市场推广之间的良性互动。

高校和科研机构在基础研究和前沿科技的探索方面具备显著优势，而企业在市场需求识别、产品应用和生产能力上具有执行力。因此，产学研合作是整合各方优势，将理论创新快速转化为实践应用的重要路径。通过紧密的合作，高校和科研机构可以依托企业的市场平台和资源，推动科研成果的落地与商业化，企业则在这一过程中获得技术支持，帮助其在国际市场中保持竞争力。通过这种双向互动，产学研合作可以有效地缩短科技成果从实验室到市场的时间，显著提升技术创新的应用价值和经济效益。

为了确保产学研合作的高效推进，需要建立完善的合作机制，以便在技术开发、资金投入和市场推广等环节实现有效衔接。公司主体在市场化管理体制下，能够利用其融资功能为科研项目提供资金支持，保障科研机构拥有足够的资源进行技术创新，同时通过市场反馈帮助调整科

研方向，使得科研成果更符合市场需求。这样的一体化运作模式，使得技术从研发到产品化再到市场化的链条得以顺畅运行，科技创新效率得到显著提升。

为进一步推动产学研合作，开发区应积极搭建合作平台和机制，促进各方资源的整合和共享。例如，建立公共研发平台、科技孵化器等创新载体，能够为高校、科研机构和企业的合作提供便利条件。政府在这一过程中应发挥引导和支持的作用，通过设立产学研专项资金、提供税收优惠、研发补贴等激励措施，激发合作各方的积极性，确保更多的科技成果顺利转化为现实生产力。

产学研合作的完善不仅有助于提升科技成果的转化效率，还能推动开发区内形成创新生态圈，吸引更多创新资源和高端人才的聚集，形成良性的创新型产业集群效应，进而优化区域内的产业链结构。企业与高校、科研机构之间的合作，不仅可以提升企业的自主创新能力，还能推动区域内产业的高端化和集约化发展，使开发区在全球科技竞争中占据有利位置，并为区域经济的高质量发展提供持续动力。

7.创新激励机制与风险投资环境

推动开发区市场化改革的核心在于构建有效的创新激励机制与优化风险投资环境，通过"管委会+公司"的新型管理体制来实现企业和个人技术创新的积极性和资源配置效率的提升。市场化管理体制使得公司主体能够在融资和投资方面发挥更加灵活的功能，形成对创新活动的持续支持。

在创新激励机制方面，通过合理的政策设计，政府可以采取多种激励方式，如直接资金支持、税收优惠和研发补贴，激励企业增加研发投入，尤其是在高新技术产业和前沿科技领域。通过这些政策手段，企业能够在技术创新上获得更多的资金支持，这不仅能够帮助企业提升技术水平，还能够推动整个行业的技术进步和结构优化，促使更多资源集中到高附加值的创新领域。同时，个人层面的激励措施，如设立创新奖项、专利补助和科研经费支持等，能够激发科研人员和技术专家的创新积极性，鼓励他们在各自领域进行更深入的探索和研发。

有效的创新激励机制还需要培养创新文化，鼓励企业和个人敢于承担创新风险，接受创新过程中的失败，赋予创新者更多的自由度和支持力度。这种创新文化的形成，有助于提高企业的内生动力，使其在市场化环境中不断探索新技术、新产品和新模式，从而提高整体创新能力。

风险投资环境的优化是推动创新项目发展的重要环节。许多中小型创新企业在初创阶段会面临资金不足的问题，传统融资渠道难以满足其高风险、高回报的特性。因此，吸引社会资本进入创新领域对于企业的成长至关重要。通过设立专门的创新风险投资基金、提供税收优惠以及简化审批流程，开发区可以为风险投资创造更加友好的环境。在新型管理体制下，公司主体可以利用融资工具为创新项目提供资金支持，降低投资者的进入门槛，增强资本流动性，吸引更多投资机构和个人给予创新项目资本支持。

风险投资不仅能够为初创企业解决资金问题，还能够为其引入更多的市场资源和管理经验，帮助企业在早期发展阶段迅速实现技术落地和市场拓展。风险投资与创新激励机制的结合，将为开发区的经济发展提供强劲动力，加速区域内创新型企业的成长和高科技产业的崛起。这种资本与创新的有机结合，构成了开发区高质量发展的基础，使区域的市场化改革目标得以实现。

（三）基础设施与公共服务建设

1.基础设施建设对市场化改革的支撑作用

基础设施建设是开发区市场化改革的物质基础，对推动区域经济发展、吸引企业入驻以及保障人才引进具有重要的支撑作用。通过构建"管委会+公司"的新型管理体制，开发区能够有效整合政府的政策引导与公司主体的市场化融资和运营优势，促进基础设施的完善，以支持市场化改革目标的实现。

完善的基础设施不仅可以为企业提供高效的运营环境，还能提升开发区的竞争力，使其能够在全国乃至全球范围内吸引更多投资和高端人才。交通、能源、通信网络等硬件设施是现代企业生产和运营的基础条件。高效的交通运输系统能够降低物流成本、缩短运输时间，进而提高企业的运营效率。稳定的能源供应保障了企业生产的连续性和高效性，而发达的通信网络则支持企业的日常运营，促进信息交流和技术创新，使企业能够更好地融入全球市场。

在市场化管理体制下，公司主体可以发挥融资功能，推动金融、物流、数据平台等服务设施的建设，这些作为企业运营的软环境，也可以在市场化改革中起到重要的作用。健全的金融服务体系能够为企业提供多样化的融资渠道，满足其在生产扩展和技术研发中的资金需求，帮助企业实现更快速的发展。物流系统的完善优化了企业的供应链管理，降低了物流成本，从而提高了产品的市场竞争力。数据平台的建设为企业提供了技术支持，促进了企业间的信息共享、资源整合和协同创新，推动了区域内形成高效的产业生态系统。

基础设施的完备不仅对企业的运营产生直接影响，还对吸引高端人才具有重要作用。人才的工作和生活需求依赖于便捷的交通、稳定的能源供应以及高效的信息网络，这些基础设施的完善程度直接影响人才对开发区的选择。通过市场化运作，公司主体能够有效推动基础设施的升级和扩展，为吸引高端人才提供必要的物质保障，从而为区域的持续发展提供智力支持。

基础设施的规划和建设需要与市场需求紧密结合，并具备前瞻性和灵活性，以适应未来市场的变化和技术的进步。健全的基础设施体系为开发区的市场化改革提供了稳定的物质保障，使得企业在市场环境中获得更高的适应性和竞争力，进而为区域的长期经济发展奠定坚实的基础。

2.智慧基础设施与数字化转型

随着技术的快速发展，智慧化基础设施建设在开发区的市场化改革中发挥着至关重要的作用。为了在全球竞争中占据有利位置，开发区必须通过构建"管委会+公司"的新型管理体制，加速数字化转型，建立以数据为核心驱动力的基础设施系统。这种体制不仅可以促进政府的政策引导与市场化融资功能的有效结合，还能通过公司主体推动智慧基础设施的建设和资源配置的优化。

智慧基础设施是提升区域运营效率的关键，也是为企业和高端人才提供现代化工作和生活环境的基础。通过数字化管理平台的建设，开发区能够实现对城市资源、企业运营和交通运输等领域的精准管理和实时监控，使得信息流、资金流和物流更加高效和透明。这样的数字化管理方式不仅能够提高企业的运营效率，也能显著提升开发区整体的经济效益。

智能交通系统作为智慧基础设施的重要组成部分，能够有效减少交通拥堵、优化运输路线，降低企业的物流成本，从而为区域内的经济活动提供高效的交通保障。5G网络的广泛应用则可为企业和员工提供更快、更稳定的通信支持，促使远程办公、智能制造、智慧医疗等新兴业态在开发区内得到快速发展和应用，增强区域的整体竞争力。

智慧基础设施的核心不仅限于物理层面的建设，还涉及数据的采集、处理和分析。通过数据赋能，开发区可以更好地掌握市场动态、优化资源配置，提高整体运营效率。在这一过程中，企业可以借助智能技术进行市场决策、提高生产效率、降低成本，从而在市场竞争中占据更有利的位置。智慧化手段使企业能够快速响应市场变化，为市场化改革注入持续的动力。

智慧城市环境对于吸引和留住高端人才具有显著作用。通过提供智能化的住房管理、智慧交通和智慧医疗等服务，开发区能够显著提高高端人才的生活质量和工作效率。这些设施和服务在提升人才的幸福感和归属感的同时，也为开发区创造了更加具备吸引力的创新环境。

智慧基础设施还为开发区的可持续发展奠定了坚实的基础。智能能源管理系统能够帮助区域实现绿色发展目标，减少能源消耗和碳排放，推动绿色经济的建设。通过公司主体在市场化管理体制下的有效融资与规划，开发区可以加速数字化基础设施的建设，确保在面对未来挑战时更加灵活，应对企业和人才的需求，提升区域的吸引力和市场竞争力。

3.公共服务体系的健全与优化

在开发区的市场化改革中，公共服务体系的健全和优化对提升区域的综合竞争力具有重要作用。这一体系不仅为企业和高端人才提供必要的生活支持，还在很大程度上决定了开发区吸引外来投资和人才的能力。通过"管委会+公司"的新型管理体制，政府与公司主体可以有效协作，共同促进公共服务的提升，从而为市场化改革提供有力支撑。

高质量的公共服务体系包含教育、医疗和文化设施，可以为企业员工及其家属提供舒适的生活条件，减少生活压力，提高整体幸福感和工作效率。优质的教育资源，尤其是优质的基础教育和高等教育，不仅可以吸引外来人才定居，还可以为区域内部的人才培养提供保障，推动经济和社会的长期发展。通过市场化管理，企业主体可以利用融资功能促进教育基础设施的建设，提升区域教育资源的供给质量和扩大其覆盖面，从而提高区域对人才的吸引力。

医疗服务的健全为员工的健康提供了保障，使企业可以专注于创新和生产活动，而员工也能安心工作和生活。在市场化体制下，公司主体通过引入社会资本建设医疗服务网络，扩大医疗服务的覆盖面和提升其质量水平，有助于进一步提高区域整体的生活质量。同时，文化设施和多样化的生活配套服务，如体育馆、图书馆和文化中心等，不仅能够为区域营造浓厚的文化氛围，还能满足居民的精神需求，增强生活的舒适性和吸引力。这些文化设施的建设能够在市场化体制中通过公共资源的市场化配置和社会力量的参与，增强区域的综合竞争力。

健全的公共服务体系对于吸引高端人才和企业至关重要。生活质量是许多高端人才选择工作区域的重要考量因素，一个能够提供优质教育、医疗和文化生活的区域显然更具吸引力。这不仅有助于吸引高水平人才前来工作，还能有效减少人才的流失。企业在选择入驻地点时同样会考虑员工的生活环境，因此完善的公共服务体系将带来更多的投资机会，进一步推动区域经济的发展。

开发区可以通过市场化手段引入社会资本和市场力量，参与公共服务的建设和供给，不断优化公共服务，确保服务的高效和优质。公司主体利用其市场化运作优势，可以有效调动资源，提供符合居民需求的多样化服务，提升区域的生活质量，支持市场化改革的顺利进行。健全的公共服务体系不但可以直接为企业和居民提供便利的生活，还可以为区域的可持续发展创造良好的环境。

4.交通、物流与区域联动发展

交通和物流设施建设是开发区与外界保持高效联通、推动区域经济发展的重要基础。通过构建"管委会+公司"的新型管理体制，开发区能够更有效地统筹交通和物流资源的规划与建设，政府部门通过发行专项债券、引入社会资本等市场化融资方式，重点建设跨区域快速通道，可以使开发区与周边城市通勤时间缩短40%，从而提高资源配置效率。

完善的交通网络对优化资源的配置、加速资源的流通、提高企业生产和运营效率具有重要作用。便捷的交通系统使企业能够在各个生产环节之间快速转运原材料、半成品和成品，缩短生产和交付时间，提升市场响应速度。这种效率的提升不仅降低了企业的物流成本，还使其在激烈的市场竞争中获得了明显的成本优势。物流系统的高效运行提高了货物运输的可靠性和安全性，降低了延迟或物流故障对生产的影响，从而保障了供应链的顺畅运行。这些因素结合在一起，为开发区内的企业提供了坚实的运营基础。

交通和物流设施对开发区的影响不仅限于开发区内企业的运营效率，也在更大范围内推动了区域联动发展。通过加强与周边城市和区域的交通衔接，开发区能够融入更广阔的区域经济合作，扩大市场范围和业务覆盖面，吸引更多外部投资者和企业入驻。这种区域联动效应为开发区带来了更多的商业机会和合作伙伴，因为便捷的交通和物流条件意味着更低的运营成本和更高的市场竞争力。

完善的交通物流体系还带动了开发区内配套服务行业的发展，例如仓储、配送和信息技术等相关产业，形成了更加完整的产业链和经济生态系统。区域内外联通的交通网络不仅提升了物资和产品的流通效率，还推动了人才、技术和信息的快速交流，为区域经济注入了新的活力。这对于高端制造业和高技术产业尤为重要，因为这些产业高度依赖快速和准确的物流来支撑复杂的生产和供应链管理。

通过建立现代化的物流园区和智能化的交通管理系统，开发区在市场化管理体制下，充分利用公司的融资和运营能力，提升了整体物流能力和交通效率，增强了区域的吸引力。现代化的物流和交通设施为开发区参与全球市场竞争提供了重要保障，使其能够快速响应国际市场的需求，吸引跨国企业的投资与合作，增强国际竞争力。这种交通、物流与区域联动的发展模式，不仅为开发区带来了实际的经济效益，还显著提高了开发区的区域吸引力和竞争力，在区域经济一体化进程中发挥了重要作用，为开发区的长期繁荣和可持续发展奠定了坚实的基础。

5.绿色基础设施与可持续发展

在开发区的市场化改革过程中，绿色基础设施的建设是推动区域实现可持续发展的重要举措。通过构建"管委会+公司"的新型市场化管理体制，开发区能够有效整合资源，推动绿色基础设施的建设，以实现经济效益和生态效益的双赢目标。在这种体制下，政府通过政策引导和宏观调控，企业则通过融资手段和市场运作，共同促使开发区在环保、低碳和绿色发展方面取得实质性的进展。

绿色基础设施的核心在于有效降低能源消耗和污染物排放，通过全面引入可再生能源，例如太阳能和风能，减少对传统能源的依赖。[①]这些清洁能源的广泛应用为企业提供了稳定的能源供应，同时降低了碳排放，使得开发区能够在环境保护方面树立良好的形象。通过绿色能源的

---

①童飞峰,尤震宇.试论绿色开发区建设的意义、内容及措施[J].民营科技,2010(01):101.

利用，开发区不仅达到了环保标准，还提升了企业的市场竞争力。

在绿色基础设施建设中，循环经济模式的引入也是不可或缺的部分。通过对资源进行高效利用和对废弃物进行再生处理，开发区能够减少生产过程中的资源浪费，实现资源的循环利用。这种模式有助于降低企业的生产成本，提升资源的利用效率，增强开发区在全球市场中的竞争优势。通过市场化机制，公司主体可以在废弃物处理和资源回收领域发挥更大的作用，确保经济活动的绿色化和可持续发展。

绿色基础设施的建设还包括智能化的城市管理系统的建立，依托科技手段对资源消耗、能源使用和废弃物排放进行实时监控和调控，使得开发区可以更加精准地管理各项环境指标。这样一来，不仅能保持经济增长，还能将对环境的影响降至最低。智能化交通管理系统的推广可以减少交通碳排放，提高运输效率，而绿色建筑标准的应用则有助于降低建筑物的能耗，从而加速低碳城市的建设。

对于企业而言，完善的绿色基础设施可以显著提升其环保生产和运营的能力，使其在国际市场上树立起负责任的企业形象，从而提升其国际竞争力。这一体系的形成与市场化改革密切相关，因为只有依托"公司"的融资和建设能力，绿色基础设施的构建才能在经济上实现可持续性，并带动更多环保企业和高科技创新企业在开发区落地生根，推动区域绿色经济的发展。

政府在绿色基础设施的推动中扮演了重要的引导角色，尤其是在政策激励和环保措施方面提供了有力的支持。政府通过税收优惠、环保补贴等手段，鼓励企业在生产中采用更加环保的技术和工艺，推动产业的绿色转型和升级，进一步巩固了开发区在可持续发展方面的优势。这样的措施保障了绿色基础设施的建设，不仅有助于提升区域的环境质量，还对经济的可持续增长产生了积极的影响。

6.创新型基础设施与科技产业支持

创新型基础设施是推动科技产业发展的核心支撑，能够为开发区的市场化改革提供重要的物质保障。通过构建"管委会+公司"的新型管理体制，政府和企业能够形成有效的协作机制，共同推动科技园区、创新孵化器和研究中心等创新型基础设施的建设，从而为企业的科技创新和成果转化提供强大的支持。

科技园区作为创新型基础设施的重要组成部分，为初创企业、科研机构和成熟企业提供了一个集聚的创新环境。在市场化管理体制下，公司主体的融资能力可以为园区建设提供多元化的资金来源，使得科技园区能够具备完善的设施和极强的运营能力。科技园区不仅促进了各类创新资源的整合和共享，也有助于营造区域的整体创新氛围，吸引更多的高科技企业入驻。

创新孵化器在科技创新的初期阶段扮演着关键角色，为初创企业提供低成本的办公场所、资金支持和技术指导，使企业能够在资源有限的情况下进行技术研发和产品创新。通过市场化手段，企业能够在创新孵化器中获得更多外部资源的支持，如风险投资和技术合作，从而实现科技成果的迅速落地转化。创新孵化器的存在，使得开发区能够为创新型企业提供一个可持续发展的良好开端，降低创业门槛，提高创新成功的概率。

研究中心作为技术研发的核心载体，能够吸引大量高端人才和科研资源，通过与企业紧密合作，促进基础研究向应用研究过渡，使得新技术能够更快进入市场并创造经济效益。研究中心的建设依托公司主体在市场化体制下所获得的融资功能，不仅确保了研发设施的高标准建设，还使得科研成果的商业化路径更加顺畅。通过研究中心的集聚效应，开发区能够更好地支持科技企业的创新需求，推动区域的技术进步。

创新型基础设施的建设不仅为科技企业提供了必要的物理空间，还打造了一个高效的创新生态系统，推动了各方的合作和企业创新能力的提升。科技园区、创新孵化器和研究中心之间的联动，形成了一个从技术研发到产业化的完整链条，能够有效地促进各类科技企业之间的交流与合作，推动产业链上下游的协同发展，形成集聚效应，使开发区成为区域科技创新的高地。

科技产业的发展离不开创新资源的集聚和高效利用，创新型基础设施正是实现这一目标的关键。通过市场化管理体制的不断完善，开发区能够引导创新型基础设施的建设，使得更多科技成果得以转化和应用，从而提高区域内企业的技术水平和竞争力，吸引更多的高科技企业和投资者入驻，进一步增强区域的科技创新能力和经济影响力。

创新型基础设施的建设还能够显著提升开发区在全球市场中的科技竞争力，使其具备吸引全球科技人才、技术和资本的能力。通过建设科技园区、孵化器和研究中心等平台，开发区不仅加快了科技成果的产业化进程，还推动了区域内产业的升级和经济结构的优化，使其在全球化的科技竞争中占据有利的位置。创新型基础设施的建设，既推动了政府与企业、科研机构之间的合作，又通过市场化手段实现了多方共赢，为科技创新提供了持续的支持。

7.基础设施建设与区域一体化

基础设施建设不仅是开发区内部发展的重要保障，还应通过区域协同推动周边地区的经济一体化。在"管委会+公司"这一新型管理体制下，基础设施的跨区域互联互通得以更加有效地实施，进而促进了资源的优化配置，增强了区域整体的经济活力。通过市场化机制，开发区公司在融资和建设方面的灵活性使得跨区域交通、能源、通信等基础设施的建设具备了更高的效率和扩展能力。

交通网络的互联是实现区域一体化的核心环节，它不仅缩短了开发区与周边区域之间的时空距离，降低了物流成本，还提升了物资流通的效率。这样的联通增强了开发区与周边地区的经济联系，使得资源流动更加顺畅，企业生产更加高效。这种交通一体化的布局，使企业能够在区域内获得更为便捷的供应链和更多的市场机会，助推产业链的整合和升级。

能源和通信等基础设施的跨区域整合，则使得区域内的资源共享更加有效，不同区域的企业和居民可以更快捷地获取关键资源，推动整体区域经济的增长。这种基础设施的统一建设和管理，不仅减少了建设和运营成本，还提高了各类公共资源的使用效率，为区域经济的发展注入了新的动力。

基础设施的互联互通进一步推动了区域间在产业布局上的协调发展，避免了低效竞争与重复建设，实现了产业间的优势互补。例如，周边地区可以通过与开发区的基础设施联动，分享开发区在技术、资金和人才方面的优势，推动自身产业升级。开发区通过自身的技术和资源溢出效应，增强了周边区域的经济实力，形成了一个良性的经济发展共同体。这种合作不仅扩大了开发区的经济辐射范围，还为周边地区带来了更多的经济机会，促成了全区域经济的共同繁荣。

区域一体化还可以通过跨区域基础设施的整合，推动政策和标准的统一，从而减少各地之间的制度壁垒，促进市场一体化进程。在"管委会+公司"市场化管理体制的支持下，公司主体在基础设施建设中能够更加高效地整合不同区域的资源，推动跨区域合作的深化，使区域内的资源配置更加合理。区域一体化发展，不仅有助于增强开发区的市场竞争力，还可以为企业提供更大的市场和更丰富的资源。

依托于跨区域基础设施的建设，开发区能够在更大范围内发挥其经济引领作用，促进周边区域的共同发展，从而形成一个更为紧密的经济圈。这一经济圈的形成将有助于开发区在全球市场的竞争中占据有利位置，并推动整个区域经济实现更高水平的发展。

第六章

地方开发区管理体制市场化改革的实践

——以湖南为例

一、湖南地方开发区的主要成效

湖南产业园区是全省经济高质量发展的主阵地、项目建设的主战场。截至2023年末，湖南拥有省级及以上产业园区136家，国土面积占全省比例约0.5%，贡献的地区生产总值、税收和规模工业增加值分别为全省的36.3%、36.2%和74.2%。近年来，湖南深入贯彻国家关于深化开发区管理制度改革、推动开发区高质量发展的决策部署，多管齐下推动开发区管理体制市场化、专业化改革取得良好成效。

（一）基本实现园区平台全覆盖

截至2024年5月，湖南省级及以上产业园区共135家，其中高新区56家（含国家级9家）、经开区42家（含国家级10家）、综合保税区5家、产业开发区32家。全省工业园区数量超过200个，各市州至少拥有1个工业园区，涵盖了先进制造、新材料、电子信息、生物医药等多个重点产业集群，充分发挥了园区作为产业发展主阵地的支撑作用。空间布局上突出长株潭园区引领作用和辐射带动功能，按照国家级园区"二主一特"、省级园区"一主一特"的原则，着力打造功能协调、错位发展、布局合理的产业园区集群，构建起较为完善的产业集群化、特色化和差异化园区发展格局。

（二）园区综合实力不断提升

根据2024年4月上奇研究院发布的"专精特新"（截至2023年末企业数量）百强高新区排行榜，湖南有8家园区上榜，数量居全国第四。上榜园区分别为：株洲高新区、长沙高新区、宁乡高新区、湘潭高新区、益阳高新区、郴州高新区、常德高新区、怀化高新区。其中，株洲高新区名列第28位，在全省范围内领先。2024年8月，赛迪顾问发布《2024年中国园区经济高质量发展研究报告》，湖南有3家园区入选全国百强且GDP均超千亿元。分别是长沙高新区（第19位）、长沙经开区（第35位）、株洲高新区（第46位）。同期发布的《园区产业高质量发展（先进制造）百强》名单中，湖南有6家园区上榜；《园区产业高质量发展（生物医药）百强》名单中，湖南有3家园区上榜。值得一提的是，长沙高新区综合排名第19位，较上年提升1位，蝉联湖南入围园区之首。在先进制造和生物医药"子榜单"中，长沙高新区分别以第15位、第29位领跑全省。在全国高新区"分榜"中，更是前进8位，跃升至第12位。

（三）园区规模工业企业发展势头良好

2024年1—8月，全省省级及以上产业园区规模工业增加值增长8.1%，较全部规模工业增加值高出0.9个百分点，占全部规模工业比重为68.5%。2024年9月，省工信厅首次对全省新型工业化产业示范基地（简称示范基地）进行星级评价。60家示范基地中的56家基地参与了评价认定（评价结果详见附件2），五星、四星、三星示范基地占比分别为14.3%、50%、35.7%。其中，8家五星基地作为省级示范基地的先进代表，主导产业营收占比均超90%，规模以上工业增加值平均增速达25%，规模以上工业企业研发费用平均占比达4.92%，在稳定产业链供应链、提升协同创新、推动大中小企业融通发展等方面发挥了引领带动作用。

（四）"五好"园区建设逐渐深入

2021年以来，全省着力强化"三生融合""三态协同"理念，扎实推进"五好"园区建设，园区发展呈现加力加速的良好态势。2023年，全省共133家产业园区参与湖南省"五好"园区创建综合评价。名列前5位的国家级园区分别是：郴州高新区、娄底经开区、湘潭经开区、衡阳高新区和邵阳经开区。名列前5位的省级园区分别是：邵东经开区、湘阴高新区、雨花经开区、平江高新区和醴陵经开区。

参评园区平均分数为115.77分，全省过半数园区（共68家，占园区总数的51.1%）得分超过均值。国家级园区平均得分高出全省11.41分，彰显了头部园区引领示范作用。其中9家国家高新区平均得分133.86分，高出全省园区平均分18.09分；10家国家经开区平均得分121.17分，高出全省园区平均分5.4分。

从平均得分、总体排名和先进园区看，高新区持续保持稳定发展和向好态势。56家高新园区平均得分119.26分，高出全省园区平均分3.49分。全省排名前30的园区中，有一半为高新区；2023年度有26家高新区排名上升，其中沅江高新区和衡山高新区上升幅度最大，排名均较上年上升79位，分别由2022年的第104位、第110位上升至2023年的第25位、第31位。在33家获得通报表扬的先进园区中，高新区16家，占比48%。其中蝉联先进园区的高新区6家（郴州、平江、岳阳绿色化工、祁阳、湘潭、怀化），占全省14家蝉联先进园区的43%。

二、湖南省促进地方开发区管理体制市场化改革的主要做法

（一）处理好政府与市场的关系

古典自由主义、凯恩斯主义、新古典主义、哈耶克的新自由主义和新凯恩斯主义等，虽然每个学派关于政府和市场的研究分别提出了不同的观点和看法，但综合来看，都认为经济的发展既依赖于市场，也离不开政府的调控。如果市场无法发挥应有的作用，政府就要及时补位，弥补市场的调节失灵。湖南省将自身政府的职责和作用维持在保持宏观经济稳定、加强和优化公共服务、保障公平竞争、加强市场监管、维护市场秩序、推动可持续发展、促进共同富裕上，着力提高宏观调控和科学管理的水平，通过高位推动的方式，廓清了自身的工作职责与工作范畴，主要领导亲自为推动开发区管理体制改革指向把舵、凝心聚力。

（二）政府引导出台政策方案

在公共管理中，控制关系日渐式微，代之而起的是一种日益生成的服务关系，管理主体是服务者，湖南以服务型政府为导向，主动调查了解发展需求，制定出台一揽子政策方案。印发《关于深化管理制度改革推动产业园区高质量发展的实施意见》，系统谋划、部署相关改革事项；制定出台"五好"园区创建《指导意见》《若干政策》《评价办法》和《"十四五"产业园区发展规划》，形成了"五好"园区创建"1+3"政策体系；各级各部门围绕园区机构编制、产业发展、用地保障、财政支持、"放管服"改革、人才引进等制定出台了一系列配套政策，推动了重点工作落实落细，持续推动全省"五好"园区的创建工作。

（三）加强开发区示范引领

在社会发展的进程中，示范引领作用被广泛重视和运用。示范引领作用是指通过典型的案例或榜样，带动和引领其他个体或集体的发展。首先，试点成功的影响力是引领功能形成的基石；其次，开展示范引领也为促进园区改革提供了样板、提升了效率。湖南通过召开全省推进"五好"园区创建推进会，交流改革创新经验。按照先试后推、由点及面、稳妥推进的原则，选准合适区域，积极开展各项改革试点工作，剥离社会事务管理职能试点基本完成，规范人员管理试点启动开展，印发实施《湖南省产业园区市场化建设运营改革试点工作方案》，启动市场化建设运营、合作共建、绩效薪酬、岗位聘用等改革试点。建立"五好"园区建设双月通报机制，在通报园区"经济指标"的同时，聚焦园区管理制度改革，通报改革动态，推介创新经验，促进比学赶超。

（四）优化管理组织形式

传统园区往往以某一主导产业或特定功能为定位，缺乏多元化的产业融合和跨界合作，限制了园区的综合竞争力和发展潜力，因此湖南通过管理模式革新，来构建开放、协同、创新的园区生态，吸引更多优质企业和人才，提升园区的整体竞争力。园区成立湖南省产业园区建设领导小组，对园区工作实行统一领导，建立省园区办牵头统筹协调、各相关省直部门依据职能职责对园区实行业务指导和政策支持、各市州按属地原则统筹园区开发建设的工作推进体系，构建党委领导、政府重视、部门支持、园区参与的园区改革发展工作格局。全省各级各部门分工负责，积极谋划改革思路，精心组织、精细实施，以"五好"园区创建为抓手，省发改委、人社厅就改革试点工作联合开展调研，省工信厅会同省发改委起草《关于优化园区产业布局实现高质量发展的指导意见》，省政府办公厅印发《湖南省进一步强化招商引资工作的政策措施》，省园区办起草《湖南省产业园区建设领导小组工作规则》，省开发区协会举办全省园区管理制度改革专题培训班，协同推动园区发展换挡升级。

三、湖南开发区主要问题与短板

尽管湖南开发区的发展与时俱进，项目建设持续向好，但仍然存在一些不足。2023年，全省参评"五好"园区的高新区中，半数以上（30家）园区排名较上年下降，其中4家高新区下降了50个位次，另有2家排名倒数，2023年全省先进园区中，省级高新园区数量较上年减少3家。

（一）大包干体制痕迹仍在

新公共服务理论旗帜鲜明地强调顾客至上的政府服务理念，强调政府的职能是服务和帮助公民实现共同的利益诉求，而不是掌舵公民及其利益，[①]因此亟须摆脱大包干式运营思维。

1.部分园区管理者政绩观不完善

行政伦理学认为，在公共管理工作中，对待所有行政行为，都应站在是否正当的角度进行考量；具体到行政管理工作中，组织及个人对

---

① 徐晓红.中国—马来西亚钦州产业园区行政审批制度改革创新研究[D].南宁：广西大学，2018.

工作的判断直接影响着其政务的具体履行情况。[1]在长期的行政体制改革过程中，随着社会形势的快速复杂的变化，行政伦理的问题始终都存在。同时，行政伦理问题会导致多类负面延伸问题，公职人员懒政怠政问题便是其中之一。由于湖南部分园区的考核机制不完善，干部激励不明显，极大挫伤了了干部的积极性。园区日益成为干部升迁的"近水楼台"，不少园区还存在"近亲繁殖"等问题。在现行管理体制下，园区负责人更关心"乌纱帽""政绩单"，盲目引进高耗能、低产出企业，一些已停产、未投产的企业还在上报"产值"，乃至分解任务"指导"企业上报虚假数据。个别园区甚至使用财政资金购买外资外贸数据，虚报多报主营业务收入等经济指标。

2.政府过多干预经济活动

园区不仅要成为体制机制改革的试验田，也要依法治区、依法行政，各项行政工作达到有法可依、合理行政、程序正当、高效便民、权责统一的要求。但是到目前为止，国家层面还没有对国家级经济技术开发区、工业园区等重大园区进行立法，只出台了相关的文件规定，还未上升到法律法规层次。根据《中华人民共和国地方各级人民代表大会和地方各级人民政府组织法》，园区管委会在行政主体资格上存在"四个不是"，即不是一级地方政府、不是人民政府的派出机关、不是政府职能部门的派出机构、不是"行政机关委托的组织"，在园区的实际运行过程中存在着诸多限制。目前，湖南很多园区的审批程序烦琐、审批执行标准不规范。本该由市场中介服务机构承担的事务，却抓住不放或者明放实抓搞"红顶中介"等。此外，目前省内仍未剥离社会事务的园区占到总数

---

①戴世乙.D市C经济技术开发区基层公职人员懒政怠政问题研究[D].大连：辽宁师范大学，2021.

的60%以上，还有近1/3的园区承担了托管代管当地乡镇的行政职能。园区常用行政手段来做市场化决策，致使专业性不足、资源分配不均、市场需求无法得到充分满足，严重影响质量和效率。支持创新和产业化的市场体系建设滞后，创业投资不活跃。长沙高新区的高新技术企业数量为全省最多，达1789家，但仅为武汉东湖高新区的1/3。

3.权责边界不明晰

由于行政化管理缺乏对全过程、精细化管理的系统认识，园区经常出现部门管理制度不完善、权责划分不明晰、部门履责难到位等情况，导致多个部门在进行项目管理时出现互相推诿或重复工作的现象。部分园区仍违规保留限额外自行设置机构，部分园区二级事业单位和平台公司存在小、散、弱现象。部分园区设置了政务大厅，业务办理量却屈指可数，如凤凰产业开发区政务大厅2024年以来业务办理量仅80件，月均仅10余件。

（二）园区干部配置需要优化

新公共管理理论认为，要通过精简规模、组织再造等增强政府的活力和回应，为提供优质公共服务提供契机。

1.园区干部队伍臃肿

部分园区违规配人雇人，大多数园区平台公司员额未统一核定，导致园区机构臃肿、人员数量庞大，如岳阳经开区机关劳务派遣人员1325人，与在编人员持平。部分市县将园区作为照顾性安排干部、解决干部待遇的地方，未站在发挥经济建设主战场作用的高度为园区配备熟悉招商引资、产业培育等的专业人才，导致园区班子专业化、创新意识和服务能力不足。据统计，园区干部中专业背景与主特产业相关的人员仅占12.5%。

2.园区选人用人标准不灵活

园区干部选任自主性不强，选人用人受人员身份限制较大，近5年调入园区的人员绝大多数来自机关事业单位，从企业调入的仅占3.73%。人才引进力度不够，近5年全省园区引进专业人才522人，仅占园区干部总数的6.3%。受"出身论"的选人用人标准限制，园区专业人才队伍短缺，管理层很难招到住建、环评、安评等专业化人才。由于招商队伍专业化人才短缺，园区难以引进高质量项目。产业发展缺乏专业化人才支撑，如株洲经济技术开发区的北斗产业园区急缺北斗专业人才，迫切需要构建新的灵活的专业人才引进机制、柔性人才使用机制。

3.市场化机制运转不顺

开发区管委会与运营公司政企分离改革尚未完全到位，市场化机制不够灵活，在一定程度上影响了园区的运营能力与综合实力，很多园区尚未建立起集创新、生产、辅助、治理于一体的产业生态和治理机制。

（1）管理运行模式陈旧

园区行政化思维色彩浓厚，超过90%的园区尚未建立"小管委会+大公司"运营模式。仅有20家园区引入社会资本参与园区建设，多数园区建设单纯依赖财政投入和区属国企投资。部分园区平台公司被兼并重组后，仍然习惯性依赖平台公司支撑，园区开发建设进度迟缓。

（2）公司化转型偏慢

部分园区的政府融资职能剥离不彻底，经营自主性、创新性和战略性不强，政企、政资不分的现象仍然存在。部分公司重融资、轻经营，主营业务单一，局限于园区土地开发、项目代建、物业管理等，造血能力严重不足，债务负担沉重。

（3）市场力量运用不多

目前，有120家园区主要由管委会负责运营，80%以上尚未引入第三方运营机构，探索开展市场化建设运营的园区也以委托运营、"区中园"建设为主。部分园区招商引资仍采取拼资源、拼政策的低效、内卷模式，仅有30家园区全面推行专业化招商。园区合作侧重于先进帮扶落后，市场化共建共享机制尚未建立。

4.考核激励保障不强

作为以政府主导为核心发展模式的国家，园区工作人员的懒政怠政问题将会直接影响经济的发展速度。所以必然要了解湖南园区工作人员的心态变化，准确地评估干部内在的需求变化，发挥考核激励"指挥棒"的作用。

（1）容错纠错机制不健全

有时园区为提高工作效率，进行了一些改革创新，如在项目建设过程中，为赶进度实行边报边建、容缺办理等措施；为推动盘活闲置资产，在资产定价、权证补办等工作中突破现行政策规定。由于没有成熟的规章和模式，这些探索得不到认可，被要求整改、纠正甚至受到追责问责。

（2）干部交流晋升不通畅

除领导班子成员外，园区其他干部存在难进难出现象，干部缺乏流动性，且晋升通道较窄。部分事业单位性质的园区没有健全的事业单位人事管理制度，未按相关政策进行岗位设置管理，导致事业单位工作人员岗位晋升、职称评聘通道不畅。

（3）考核激励机制不完善

园区领导班子绩效考核与干部使用结合不够紧密，一定程度上存在

"考""用""两张皮"现象。部分园区内部考核流于形式，薪酬待遇简单机械地套用机关事业单位工资标准，难以体现绩效差异和打破"大锅饭"。由于激励机制过于机械，湖南省内开发区各自为政，难以有效集聚，出现资源"内耗"现象，不顾园区经营效益，无底线提高政策优惠额度，增强了企业的依赖性，影响产业园区市场化运营机制的建立，还会造成各园区以极低的价格转让土地，对高污染、高能耗的企业却视而不见。

四、湖南开发区改革的主要原则和主要方向

西方制度经济学派理论认为，管理体制是资源配置及其使用效率的决定性因素，只有不断地进行体制创新并通过一系列制度（包括产权制度、法律制度等）构建，人才、资金、技术等生产要素才能够得到有效配置。我国著名经济学家吴敬琏在对高新技术产业园区进行研究时率先提出一个观点，即"制度重于技术"，并认为一个国家或地区高新技术产业发展得好坏快慢的症结，在于是否建立了有利于发挥人力资本的作用、有利于创新的制度。[①]

（一）改革的主要原则

1.法治性原则

"法治化"，其核心就是通过立法的方式，把开发区（园区）的相关职责、权限、事权及问题，用拉清单的方式进行明确。通过清晰的"权责清单""事权清单""问题清单"，形成精准、高效的清单制

①②邓杨素.新常态下国家级园区管理体制改革创新研究——以广西为例[J].学术论坛，2015(06):76-81.

度。^②这既意味着开发区（园区）自身的机构设置、隶属关系、职责权限等方面要符合法律法规，又意味着开发区（园区）在做出自己的决策时也一定要符合法定程序，依法行政、依法执政。要坚持法律至上的原则，保证管理体制改革依法开展，同时以改革的方式，促进园区管理部门依法行政水平的全面提高，加快法治政府的建设进程。在改革的过程中，强调制度建设的重要性，着重完善政府管理的法治体系，尤其要健全涉及政府职能、机构设置、职责权限等方面的法律法规，为管理体制改革营造完备的法制环境，使之有法可依，行使有度，减少甚至避免随意性和不可预见性。

2.效益性原则

开发区是国家产业促进能力在区域层次的投射和集中表达。从根本上说，管理体制改革的目标包括完善政府组织体系，提高政府自身的效率和效能以及强化公共服务，提高公共服务水平等。效益性一直是其内在的要求。在体制和机制创新的作用下，促进政府组织能够具备统一协调、反应灵敏、操作规范、成本低廉、稳定有序的内在功能。此外，还可以满足公共需求，发挥服务社会的核心作用，有效推动社会经济的全面发展。

3.适应性原则

组织变革包含组织结构调整、职能重构、机构重组、权力变更、职位更换等方面的内容。建立组织，是实现目标的基础。管理目标会随着社会经济政治的发展和内部环境的变化而变化。组织需要根据这些主客观条件来及时调整管理目标。组织并不是一成不变的，而是动态的、非僵化的。因此，通过改革的方式寻求一种更为科学的管理体制，这种体制必须与经济社会的发展相适应，与时代需求、改革导向相符，并符合当地的管理实际。在现阶段，政府仍然担负着一些不应担负或者无法担负好的职能，而一些需要政府担负的职能，却达不到应有的管理水平和管理效率。两者之间存在着巨大的反差，虽然有诸多原因，但是最主要的原因还是违反了适应性原则。所以，要充分考虑经济社会发展的现实条件，确定管理者的人数及分配比例，并对政府职能边界予以明确，进一步理顺政府与市场、政府与企业、政府与社会的关系。

4.平衡性原则

当前开发区在发展格局上非常不平衡，头部开发区和尾部开发区差异巨大。针对发展水平不同的开发区，显然要采取不同的改革策略，这种策略可以概括为"升底拔尖"。所谓"升底"，就是要把开发区已有的、被验证过的先进模式和经验打包，固定成为一套规范标准，通过前面所提的赋能的方式提高底部开发区的基本水平。所谓"拔尖"，就是针对头部的、一流的开发区，要给予特权，给予足够的自主性和资源支持，支撑它们不断探索前沿，不断突破上限。实际上，如果能充分激发那些排名靠前的开发区的活力，让其更进一步发展，那么开发区管理体制改革从总体上就成功了一半。这里还包含这样一种认识，那就是基于开发区当前的多样性，不可能针对所有开发区设计出一套通行的方案，所以管理体制改革影响最大的，实际上是发展最好的和最差的两类开发区。

（二）改革的主要方向

通过产业园区建设来驱动经济发展，是我国改革开放实践中形成的一条宝贵经验。为了适应国内外政治经济环境变化，进一步激发产业园区的创新发展活力，我国出台了《国务院办公厅关于促进开发区改革和创新发展的若干意见》等一系列重要文件，对园区改革提出了相关的具体要求。启动园区改革既是对国家政策的贯彻落实，也是基于现实发展的迫切需要。

1.要顺应新一轮科技和产业革命的发展趋势

世界范围内正在兴起以新一代信息技术、清洁能源、绿色经济、生命健康等为代表的新一轮科技革命和产业变革，哪个国家和地区抢先一步抓住了这个机遇，哪个国家和地区就能够引领未来竞争发展的优势。一般来说，这些新科技、新产业大多不在传统行业领域，而是在新产业、新技术、新模式、新业态的众多创新型企业中产生，同时它们又大多是以人力资本密集型、技术密集型企业为主，这就基本颠覆了以往产业园区招商引资的传统路径。土地出让优惠、上缴利税抵扣等优惠政策及劳动力成本优势、物资能源仓储物流便利等，不再是吸引高技术高成长性企业投资兴业的最关键因素，新型企业更关注投资区域的营商环境、创新生态、人才生态、公共服务水平以及产品技术创新的生产转化能力。为此，开发区必须进行改革，努力适应科技创新和产业变革的发展趋势，在管理体制、投资环境、服务效率上更有针对性。

2.要推进园区解绑赋能

解绑是指管理体制改革总体上是要提升开发区的自主性、灵活性和制度创新空间，在划定红线和底线之后，允许开发区"法无禁止即可为"，尤其要避免按照行政区的思维和模式对开发区进行格式化。要通过此举，激发开发区，尤其是一流开发区的内生动力和内生创造力（要认识到，第一梯队的开发区，基于其发达的产业集群和优越的创新生态，其本身是有内生动力和创造力的，要创造制度空间，允许把这些活力和动力释放出来）；赋能是指从外部给开发区提供更多支持和管理公共品，通过完善管理有效提升开发区的发展能力。在具体的赋能方式上，可以建立国家和大区域性质的科技、产业、资本和管理运营赋能平台，进行垂直赋能；也可以通过避免开发区之间的同质竞争，促进开发区合作的方式，实现开发区之间的互相赋能。

3.推动经济建设转向新时代高质量发展阶段

党的十九大报告指出，"我国经济已由高速增长阶段转向高质量发展阶段"。党的十九大之后召开的中央经济工作会议进一步强调，"中国特色社会主义进入了新时代，我国经济发展也进入了新时代，基本特征就是我国经济已由高速增长阶段转向高质量发展阶段"。实现高质量发展，必须推动经济发展实现质量变革、效率变革、动力变革。各类产业园区作为地方发展实体经济最重要的资本、技术、人才等产业要素的集聚地，应当进一步发挥招商安商政策灵活、市场反应灵敏、服务高效的体制机制优势，率先实现高质量发展，带动区域经济转型升级。在园区高质量发展的过程中，迫切需要通过管理体制改革来营造良好的发展环境。要转变园区产业发展导向和评价考核体系，不能把园区"当成一个筐，什么都往里装"，在招商引资活动中明确鼓励和限制的产业目录，对存量企业提供有利于其转型升级的产业政策，对园区管理也要建立动态的评价机制，让园区形成良性竞争与互助开发的新局面，把不适应高质量发展的产业园区进行重新整合、归并，甚至撤并，让园区在高质量轨道上轻装上阵。

4.化解区域经济发展中的现实困境和难题

在区域经济发展实践中，老工业基地、传统产业经济比重过大和转变发展方式相对滞后的地区普遍遇到了转型升级的困难和挑战，直接的表现就是经济增长乏力、投资增速回落和工业生产经营不景气。以辽宁老工业基地为例，它曾经是全国的工业摇篮和主要的生产基地，其工业产出最高曾占到全国工业的1/4，但是现阶段占比已经不足10%。与此同时，工业产出水平也缺乏竞争力，根源在于老工业基地缺乏市场调适能力和存在体制机制落后的弊端，必须依靠强有力的改革措施牵引发展方式转换，实现振兴发展。从辽宁和大连的情况来看，园区经济是工业经济主要的承载体，园区经济发展的困境是整个区域经济压力状况的集中反映和重要的影响因素。当前，园区在发展过程中遇到的现实困境主要是产业空心化、低水平重复建设和政府债务高企，这严重影响了园区产业的竞争力和可持续发展能力，直接导致整个区域经济活力降低和增速放缓。在过去产业发展惯性和传统路径依赖模式背景下，一些园区盲目扩大投资规模，缺乏市场导向的调整能力，产业层次不高，技术创新能力薄弱，处于价值链的低端，同质化程度较高，产业门类单一，过度依赖支柱企业，甚至出现因个别企业落户转移而导致整个园区经济濒临亏损的境地，这深刻地揭示了园区发展的体制机制弊端和不适应的问题，解决这些问题单从市场入手或从产业入手难以达到预期效果，必须同步对园区的管理体制和运行机制进行改革，尽快生成市场驱动发展模式，按照高质量发展导向，重新激发产业园区的创新引领功能。

五、湖南开发区改革的保障措施

（一）强化组织领导

加强党对园区工作的全面领导，自觉把党的领导贯彻到园区高质量发展的全过程。要选优班子，注重园区班子的科学合理搭配，以强有力的班子推动园区高质量发展。特别是，不能把园区当作干部安置区，要把真正想干事、能干事的领导干部用在园区。园区是战场，是创新的主力军、生产力的主阵地，必须把精兵强将派到园区；园区干部是服务员、不是观察员，要主动服务企业和投资者；园区领导干部是指挥官、不是太平官，要敢想敢闯敢试，保持战略定力，明确战略方向，沉下心、俯下身子干好工作。要配强队伍，选派精兵强将到园区工作，在园区建设、招商引资一线培养干部、发现人才，打造懂经济、熟产业、善管理、会服务的园区干部队伍。要树立正确的导向，发挥园区考核评价的"指挥棒"作用，对先进园区在政策、用地、资金等方面给予倾斜，对考核末位的园区予以警告、限期整改。

（二）强化担当作为

开发区承担着试政策、出经验、探路子的重大使命，很多工作没有现成的经验、没有固定的模式、没有成熟的规章，必须在实践中探索方法、闯出路子，力争各项工作有创新、有进步、有变化、有特色。要敢闯敢干，提振谋发展、抓招商、干项目的精气神，只要是符合中央的大政方针、符合发展的客观需要、符合人民群众的期盼，看准了就要积极干、勇于闯、马上办。要先行先试，鼓励园区主动试、自主改，为高质量发展探索新的制度和模式。落实"三个区分开来"，分清主流次流，分清主观客观，辩证看待园区发展中的问题。例如标准化厂房建设，有利于提高产业集中度和集约发展水平，有利于培育产业和推动高质量发展，但在实际工作中出现了一些问题。我们要从问题入手，引入市场机制，完善配套设施，促进产城融合，消化存量厂房，激活沉淀资产，使之更符合"五好"园区要求。

（三）强化服务保障

严格按照主题教育和大兴调查研究要求，在全省部署开展"三送三解三优"行动，有针对性地在开发区抓好落实。要真金白银解决企业"经营之困"，全面梳理、推送和兑现中央一揽子政策措施，以及湖南"稳增长20条"，确保政策红利精准高效直通园区、直达企业。要真心实意关注企业"生产之难"，针对企业反映较多的资金周转困难、原材料成本高企、用工短缺、消费不足等问题，建立问题清单、实行销号管理，真正让企业轻装上阵、大胆发展。要真抓实干维护企业的"发展之稳"，集中解决园区高质量发展、企业生产经营中的难点问题，以破障碍、解难题的成果，稳定市场预期、提振企业信心。

（四）强化集成高效

目前，一些开发区在节约集约、质量效益和政策把握方面还存在不少问题。比如，有的园区违规返还土地出让金、以过低价格出让土地，造成土地出让损失、资产流失；有的园区招商引资重数量、轻质量，在政策效应上不算质量效益账，在资金兑现上不看投入产出比；等等。要做到项目选择再优化，提高项目引入门槛，引进和创造更多"含金量""含新量""含绿量"高的好项目、实项目，提高投资强度和税收贡献度。做到投入产出再强化，把亩均效益作为园区扩区、调区、升级、退出的重要依据，完善亩均效益综合考核评价体系，深入挖掘亩均税收增长空间，明确新建项目亩均投入产出目标，推进园区"腾笼换鸟"。做到土地供应再集约，抢抓国家重新核定园区用地面积的机遇，完善土地节约集约评价考核指标体系，推动优势地区、优势园区优先配置土地要素；规范不同用地类型合理转换，推进低效土地清理，将指标留给产业前景好、土地利用率高、税收贡献大的项目。

六、主要经验与建议

贯彻落实党中央、国务院和省委、省政府关于深化园区管理制度改革的决策部署，以建立"小管委会+大公司"为基础，夯实管运体制改革；以公司"三化转型"为方向，助推园区市场化运营；以聚焦主责主业为原则，实现园区专业化运作；以提升经济效益为抓手，解决园区严重的债务问题；以考核评价体系为指挥棒，落实"三个区分开来"。进一步提升园区市场化专业化建设运营水平，创新园区发展管理模式，激发园区活力、动力。

（一）深化管运体制改革

深化管理制度改革，建立有效运转的"管委会+公司"管理机制，统筹考虑、充分调动"管委会""公司"和地方政府三个方面的积极性，发挥市场在资源配置中的决定性作用，实现政资分开、管运分离、科学分工、高效协作，最终建立"管委会引导、市场主导"的现代化园区管理体制机制。

1.建立小管委会

"法定机构"管理模式最早发源于20世纪中期的英国。经过几十年的发展，在美国、法国、日本、新加坡等国家和香港地区得到良好运作，并已在公共管理和服务领域为政府发挥着缓冲的作用。未来，要以"法定机构、市场运作"为重点，建立以小管委会为核心的法定管理机构。"管委会"是一种特殊的政府管理机构，采用企业化的管理方式，既区别于传统的政府机构，又不同于普通的事业单位，而是实行企业化管理，可以说是"企业化的政府"，其基本功能在于明确政府的决策职能和执行职能，政府通过立法的方式成立机构，逐步将部分执行职能社会化。管委会要聚焦行政审批、党建、纪律监察等工作。建议园区书记（主任）及以上人员为正式编制，副书记（副主任）及以下人员全部采用市场聘用制。规模偏小的省级产业园区建议不单设管委会，由县发改局或工信局承担相应的职能。中型的省级产业园区，建议保留5到8个行政编制；大型的省级产业园区建议保留20个左右的行政编制。国家级产业园区建议保留30个左右的行政编制；体量特别大的国家级园区可以根据实际情况另行研究，配备不超过50个行政编制。

2.确立公司的市场主体地位

成立市场化运营公司，公司既不是一级行政组织，又不是政府派出机构，但承担着开发区域内的规划、建设和管理职能，主要依靠工业和商业用地开发的收入来补偿投入，其他社会管理事务及工商税务等仍由政府相关职能部门来行使。因此，应构建市场化的经营管理模式，提升公司的整体资质和市场竞争力，打造招商、产业培育、融资、化债专业化平台，强化项目公司独立核算、自负盈亏的市场化发展能力；界定管委会和公司的权责事项，以经济管理权限应有尽有为目标对开发区管理机构充分授权；切实引导平台公司成为市场主体；推行清单式管理，构建权责对等、责任清晰、责权利统一的权责界面和管理体系；成立管理运营集团公司，打破行政壁垒和地域限制，推进园区兼并重组，建设由园区整合而成的大型集团公司，实现专业化运营。

3.明确园区管运制度改革节点

应完善园区管运制度改革推进机制，如专班运作机制、例会推进机制、评估激励机制，加强清单式管理和滚动式更新。建议到2025年末，长株潭地区（共29家园区，其中国家级园区9家、省级园区20家）除湘江新区外，全部建立健全"小管委会+大公司"管运制度；到2027年末，全省139家（不含专业功能园区），其中国家级园区24家、省级园区115家，全面落实"小管委会+大公司"管运机制。

4.加强园区的系统集成

英国学者佩里·希克斯认为，"整体性治理"以人民为中心，以信息技术为手段，以整合、协调和治理责任为治理制度，跨越组织的功能边界，为公民提供无缝隙的"整体政府"公共服务。[①]由此，他提出了"整体性治理"的三个实践维度，一是层级的归并，重点强调政府治理层级的整合；二是功能的协调，重点强调政府部门间的合作；三是部门的整合，重点强调保持在自身部门独立自主性的同时，与合作伙伴共同协调处理问题。所以，应加强管理的"整体化"，通过"整体化"的授权，打通开发区（园区）和所在地政府之间的职权边界，打通政府与市场主体之间的信息梗阻，在办事流程上实现综合化、一体化和标准化的管理服务。群众和企业"一窗收件""一窗出件"，办事"最多跑一次"。在执法监管领域，可以按照"一件事"系统集成的思路，将监管对象相同或类似、涉及多个领域的多张监管事项清单，根据应用场景整合为"一张清单"，开展"综合查一次"，避免"多头管理"或无人管的问题。

（二）实现园区专业化运作

1.加快剥离社会事务

坚持优化协同高效的原则，按照大部门制、扁平化管理的要求，综合设置开发区（园区）的内设机构，允许与党政职能部门"一对多"或"多对一"，不搞对口设置、分工过细。严格控制内设机构数量，规模

[①]冯增赟.整体性治理视角下开发区（园区）管理体制的研究——以浙江省绍兴市为例[D].南京：南京农业大学，2021.

大且管理任务重的可适当增加。加强内部业务融合，对由2个以上开发区（园区）管理机构整合组建的，只保留一套综合性内设机构；职责交叉重复的业务机构应进行撤并；开发区（园区）各分片区管理机构应予以撤销，其职责任务交由内设机构或属地政府承担。建议按照"试点探索，分类施策，宜剥尽剥"的思路，分类梳理具体的职能事项，根据园区自身应当承担的、授权或委托的、托管后相应承担的、实际工作中自行履行的等情形，分别制定保留事项清单和剥离事项清单，分类型、分步骤有序剥离非主营业务、非产业化功能、非必要办事机构，在实施中必须"切一刀"，但不要"一刀切"。如拆迁等保留事项清单交由当地政府和主管部门来承担。

2.裁撤冗员降低成本

根据开发区（园区）整合提升、发展趋势、职责任务变化情况和开发区（园区）面积、人口、产业发展等指标，在当地编制总额内，从严核定开发区（园区）管理机构的人员编制规模。应摆脱"计划经济"时期的人头思维，要多从内部挖掘潜力，尽量用最少的人实现效率的最大化。因地制宜施行"三个一"：一部分人员回归。在原机关事业单位抽调人员，返回原单位工作，保持原职级、职位待遇不变。一部分人员分流。根据人员的工作特点、业务方向分流到相应的机关、企事业单位，维持应有的待遇。一部分人员转企。根据本人双向选择意愿转为国有企业身份的，根据人岗相适原则和相关政策予以安置，按规定进行经济补贴与补偿。

3.建立科学的园区评价方式

以开发区（园区）综合评价结果为重要依据和参考，构建与行政区相区别、与承担职责相适应的分类考核评价指标体系，加强对开发区（园区）管理机构履职情况跟踪分析、绩效评估，实行动态管理、科学统筹。从资源配置上，加强对开发区（园区）转型升级、创新发展的正向引导，对管理机构清理规范、整合力度大、管理体制改革创新效应突出的开发区（园区）可以予以适当倾斜；对受到降格处理的开发区（园区），酌情调整管理机构，推动低效使用的资源向高效产出的开发区（园区）集聚，实现资源配置效应最大化、效率最优化。在"五好"园区考核的基础上，强化以亩均效益、生产总值、技工贸收入等经济指标为核心，健全园区评价奖惩制度，加大经济工作在园区考核中的权重，对落后园区实施退出机制。

4.加快园区法治化建设

2014年11月，国家出台的《关于促进国家级经济技术开发区转型升级创新发展的若干意见》（国办发〔2014〕54号）明确指出，各省、自治区、直辖市应根据新形势要求，因地制宜出台或修订本地区国家级经开区的地方性法规、规章。这既符合国家依法治国、依法行政的方略，又符合各地区园区差异化发展的要求。因此，要坚持和发展新时代"枫桥经验"，强化法治宣传教育，加强民主法治建设。实施开发区（园区）"法治带头人""法律明白人"等培育工程，引导群众积极参与，依法支持和配合开发区（园区）管理机构开展开发建设和社会治理。推进开发区（园区）重大事项合法性审查全覆盖，健全落实涉及百姓切身利益的重大项目依法决策机制，完善公共服务与公共法律体系。

（三）提升园区的创收能力

1.践行市场化招商思路

从增长极理论来看，基于特殊的招商引资政策和较为完备高效的外向型商务运行体制和环境，产业园区可以通过在特定区域内实施税收优惠以及利用区位优势等区域性要素，吸引周边区域的优质要素资源，包括保税物流、国际贸易和出口加工业等外向型产业在特定区域内集聚，形成产业集聚和规模经济，由此逐渐成长为外向型经济增长极，从而推动腹地产业结构升级。因此，实现市场化招商成为扩大属地经济规模的有效途径。市场化招商期望在各个环节实现有效突破，尽管这些突破往往是自然而然发生的。更为关键的是，这种招商活动并非依赖于个人能力，而是建立在团队合理分工的基础之上。因此，应着眼于园区产业链培育，引导公司进行专业化招商，以招商引资论英雄，大抓招商引资、大促项目建设，建设"湖南招商大脑"，打造分层分级招商网络体系，构建"4×4"产业链招商图谱和企业画像，聚焦延链补链强链，解决该招谁、值不值得招、怎么招等关键问题，实现精准招商、靶向招商；推动全省招商引资工作实现全流程、全周期、全方位、全要素的监管与服务；聚焦"三类500强"、总部经济、行业龙头、外向型实体，实现招商引资强引进、大突破；开展股权招商、并购招商，定期组织面向产业基金的推介活动；紧盯粤港澳、长三角等重点区域产业布局调整，开展专题对接招商，促进重大产业项目落地。

2.打造现代化产业体系

应搭建更多服务平台，提升平台技术和数据服务，促进政产学研用深度融合、交流互动。而且要发挥各类园区的特色优势，搭建好人才、创新、金融、物流平台，精准开展产业、金融和现代服务业主题招商。如有需求和条件的园区，可以参照长沙高新区[①]的做法，打造支持园区

[①]2023年，长沙高新区发起设立总规模200亿元的五类引导基金，构建起"人才支持基金+科创引导基金+产业引导基金+上市企业投资并购基金+重大项目专项基金"五位一体、覆盖企业全生命周期的引导基金体系，支持项目发展。

企业发展的基金体系，专注陪伴项目的成长和企业发展。由"大公司"设立产业专班，立足现有基础和优势，选准主攻方向、找准发力点，紧扣"智能化、绿色化、融合化"要求和"完整性、先进性、安全性"特点，聚焦科技创新、产业项目建设、重点企业培育、绿色低碳发展、基础设施优化等重点，加快推进传统产业转型升级，巩固提升优势产业竞争优势，重点培育新兴产业新的增长点。在基础较好的园区前瞻布局量子信息、氢能核能利用、合成生物、低维纳米材料、超材料等一批未来产业。

3.打造新型化债路径

近年来，我国的地方政府负债率伴随着地方债市场的扩容明显提升，地方政府债务运行规范力度和隐性负债治理力度也随之加大，政府投资项目监管政策收紧。2023年以来，国务院办公厅相继印发《关于金融支持融资平台债务风险化解的指导意见》《重点省份分类加强政府投资项目管理办法（试行）》等一揽子化债方案，并制定了针对新建、在建政府投资项目等领域的管控举措。因此要构建新型化债路径，[①]在"大公司"下设立资产管理子公司，通过财政为资产管理公司提供资本支持，帮助园区进行资产和债务重组。借鉴贵州通过政府与资产管理股份有限公司进行战略合作的举措，提供专业化、定制化的不良资产处置服务。加强园区类专项债市场准入管理，注重对项目收支平衡方案等关键内容的审核；加强信息披露，引导和约束发行人及债券承销商、信用评级机构、会计师事务所、律师事务所等中介机构提高信息披露质量，增强信息披露的准确性、全面性、完整性与及时性；重视债券发行评级和

---

①https://www.cnfin.com/zs-lb/detail/20240906/4100904_1.html。

跟踪评级，关注债券资金使用绩效评价，推进园区类专项债市场穿透式监管。对于新一代信息技术、人工智能、新能源、新材料、高端装备、生物医药、量子科技等战略性产业领域，且具有高质量发展前景、高水平国际竞争潜力的产业园区建设项目，宜加大支持力度，并将其作为园区类专项债的优先和重点支持对象。侧重支持政府主导的中小型产业园区，以及处于成长阶段且具有特色优势的产业园区，引导产业园区摒弃同质化竞争，聚焦绿色化、智慧化，不断提升自主创新能力。地方政府需要做好产业园区基建项目论证与储备，择优申报专项债券，以达到夯实资金基础、降低融资成本的目的。

4.促进产城融合发展

随着产业园区的演化和发展，园区承载的功能日益多元化，大量城市要素和生产活动在园区内并存聚集，从而推动了产业园区的城市化进程，产业园区从单一生产型的园区，逐渐规划发展成为集生产与生活于一体的新型城市。不仅包括单纯的工业加工区、科技产品制造区，还包括配套服务的各种商业服务、金融信息服务、管理服务、医疗服务、娱乐休闲服务等综合功能。因此，一方面，要持续优化园区空间布局和产业结构。挖掘利用"一带一部"区位中承东启西、连南接北的桥梁优势，依托较为完善的产业链体系和雄厚的制造业基础，为湖南在战略腹地、产业备份基地建设等方面贡献更多力量。加强区域之间的有机衔接，实现错位发展，依托城市群、都市圈发展战略，加强腰部园区培育。充分发挥地区特色与资源优势，加快形成具有园区自身特点、能够辐射周边地区、带动相关产业发展的主导产业。另一方面，要完善园区的基础设施和各类配套设施，提升园区的核心功能，促进城乡一体化发展的同时，不断提升社会人文生态的协调发展水平。传统产业园区往往缺乏生产、生活和生态的整体规划，要统筹布局生产、生活和生态空间，推进规划形态、园区业态、产业生态"三态协同"发展，推进产城、产教、产金融合和跨界融合创新，打造研发、生产、服务一体化的产业综合体，不断增强园区的产业创新力、竞争力和可持续发展力。

（四）优化考核评价体系

绩效是组织一切管理实践的指向所在。广义上来说，绩效管理是管理的一种；从狭义上来说，作为人力资源管理中的理论基础，绩效管理理论是由原来的绩效评价、监控和调整等一系列体系构成的。绩效管理是单位进行管理的一种理念，更是一种方式，最终的目的是激发员工的积极性，考核员工的工作效率。为此，应完善园区考核评价体系，加大反映发展质量的指标在考核中的权重，严格落实"三个区分开来"；激发创新活力，点燃创业热情；科学精准问责，强化选人、用人监督，推进干部能上能下，突出实践实干实效。

1.建立能上能下的工作队伍

赫兹伯格认为，每个人在不同的时期都会有不同的需要，只是其表现出来的方式各不相同。总结起来，这种需要可以概括为两大类，即"保健需要"和"激励需要"，赫兹伯格在此基础上提出了双因素理论。现代人力资源管理的权限和范围远远超过了传统的人力资源管理，除了重视"事"以外，还有人力资源的激励方式、考核方法、聘用形式、人文关怀等方面，是一个根据经济形势和社会发展趋势不断调整心理和意识的动态过程，关键是人，因此要在人力资源上做好文章。针对开发区在人才上的高素质、专业化要求，应制定一套特别的招聘、评级、晋升、流动和薪酬制度。[①]在领导干部层次，明确要求开发区干部要配高配专，国家开发区的一把手要是所在市的市委常委，干部要有科技创新和产业的履历经验。打通各方面优秀人才进入园区的通道，探索对编内其余人员实行档案封存、岗位聘任、末位淘汰的竞争性选人用人机制。对管理班子实行"KPI（指的是关键绩效指标考核法）+重点工作"考核，任期内未完成目标任务的给予警告或提前解聘。大力选拔机关事业单位、学校、企业等优秀专业型年轻干部到园区任职，建立优秀人才在园区锻炼成长、在园区选拔优秀人才的干部培养选拔链。

2.优化薪酬分配体系

绩效薪酬管理系统的岗位职责的要求有很多。第一，解决薪资构成不合理的问题。第二，解决薪资分配不均匀的问题；第三，建立系统的奖励构成体系；第四，晋升渠道、决策、条件和岗位发展空间要明确；第五，促进引进人才的培养、人力资源的开发；第六，促进组织内部各个部门之间的和谐相处和协调沟通配合；第七，形成独特的企业文化和正确的价值观。因此，要紧密围绕创新人事考核及薪酬激励制度，把薪酬与经济发展、税收增长、辐射带动作用、可持续发展能力等挂钩。[②]建立科学、客观、公正的绩效考核评价机制。成立区绩效考核领导小组，研究制定绩效考核办法，对各部门单位的目标设定、绩效考核结果和奖惩方案进行审核。考核具体工作由考核办（督查室）组织实施，给出考核结果和奖惩建议。各基层单位、内设机构、事业单位、园区、驻区单位应明确专人负责考核工作，组织对内部人员的考核。"小管委会"的

---

①②朱希元.省级产业园区人员聘用制改革研究——以湘潭市昭山示范区为例[D].湘潭：湘潭大学，2019.

管理人员及其他少数参公或事业编人员根据当地本年度机关公务员平均应发工资总额确定计薪基数，基于"五好"园区综合考核结果核定薪酬系数。"大公司"完全参照企业管理办法制定薪酬和激励机制，强化市场化奖惩措施，企业自负盈亏。

3.建立指向明确的评价体系

建立健全的亩均效益综合评价办法，加快开展规上制造业企业综合评价。在重庆率先完善工业用地控制指标体系，构建资源要素分配与亩均效益绩效挂钩的激励约束机制，探索实施差别化用地、用能、排放、金融、财政激励、创新等要素支持政策。以"三个区分开来"原则对在招商、产业规划等经济岗位上的工作人员进行保护，制定保护"四敢"干部的具体规范、操作细则，明确工作原则和认定方法流程。[①]动态完善"五好"园区和特色园区等分类评价机制，及时跟进园区产业集聚度、创新力、成长性等情况，为精准评析、分类指引提供完整准确的基础信息。

4.完善标准体系

出台开发区在运营管理、创新体系建设、产业培育等方面的标准规范，加强第三方评估，对开发区开展认证评级，利用高校、社科研究部门、社会化智库等组织，制定合理的评估方案，通过政府购买服务的方式，深入了解和评估政策执行效果，逐步开展商事制度改革效果的第三方评估工作[②]，以贯标和认证的方式指导开发区建设发展和促进其治理水平提升。

---

①http://www.cfgw.net.cn/xb/content/2024-03/25/content_25086644.html.
②方雨洁.大连高新区产业优化发展战略研究[D].大连：大连理工大学，2021.

（五）因地制宜培育新质生产力

1.发展现代化产业体系

增长极理论是建立自由贸易园区的重要理论基础，也是系统分析自由贸易园区对产业结构升级影响效应的有效理论分析工具。1950年，佩鲁以经济的空间磁场假设为基础，认为具有要素集聚功能效应的部门会成为经济增长极。增长极可以从两个方面进行理解，一方面可以看作经济层面的一部分促进型产业，另一方面可以参考地理层面的"区域增长极"定义，即被认为是具备较高的增长率、出色的创新能力，能正向促进其周围区域经济发展的增长中心。此外，其他部门都认为，在对空间结构的影响上，"极化效应"和"扩散效应"是增长极最主要的方式。若要园区成为经济的增长极，就需要加快推进科技创新和产业创新深度融合，以新技术培育新产业、引领产业升级为抓手，聚焦前端、尖端、高端产业，增强扩大开放的魄力和转型升级的毅力，推动园区发展提质增效。根据2024年全省科技创新工作会议要求，把科技创新引领产业创新、培育发展新质生产力作为首要任务，精准服务和支持永州培育国家高新区，积极协调推动岳阳临港、湘西州、娄底创建国家高新区，布局建设3个左右省级高新区，促进全域创新、开放创新，优化提升区域科技创新布局，加快推进全省高新园区提质增效。

2.搭建多层次产业科技创新平台

引导研发设计、创新要素向企业聚集，以全球研发中心城市为契机，吸引大型公司创建总部经济基地和科研研发基地落户长沙高新区等园区，或与本地企业、科研院所、大学共同成立服务业战略联盟。设立高新人才创业孵化器，推动高端人才创业。提升技术转移机构的市场化运作能力，支持服务机构和企业探索新型技术转移合作模式。加快建设知识产权信息服务平台，整合资源，开展知识产权服务。围绕高新技术成果转化和高新技术产业化，逐步形成完善独立运作、功能互补、信息共享的高新技术企业孵化网络体系，使高新技术企业的孵化培育逐步走向网络化和社会化。[①]近年来，长沙高新区不断提升园区的"科技浓度"和"产业深度"，[②]集聚一批新型研发机构和高水平研发中心，充分发挥其示范引领作用，加大案例推广和经验宣传，在更多园区建设更高能级产业创新中心和技术创新中心。

3.打造一批特色标杆的高新园区

将长沙高新区建成具有世界影响力的高科技园区，将株洲、湘潭、衡阳等高新区建成国家创新型科技园区，将常德、益阳、郴州、怀化、宁乡等高新区建成国家创新型特色园区，争取到2025年，全省省级及以上园区实现高新技术产业营业收入达到4.8万亿元，占全省园区工业增加值比重超过70%。

4.构建新质生产力发展生态

从政府职能理论出发，行政审批改革要加快推进简政放权步伐，根据市场发展的特性，因势利导，先行先试，策略上既要防止政府干预扰乱行政审批制度改革的正常进行，又要防止行政审批制度改革的无序与

---

① 刘小楠.海南老城经济开发区转型升级策略研究[D].海口：海南大学，2020.
② 园区规模工业占比达到74%以上、亩均税收增长10%以上、数字经济增长15%和生产性服务业占服务业比重超过42%。长沙高新区在科技创新方面同样走在全省前列。汇聚了5家全国重点实验室、8家国家工程技术研究中心，以及"四大实验室"和"四个重大科学装置"等创新平台。同时，作为火炬中心首批企业创新积分制试点园区之一，率先完成1700多家科技型企业数据集成，构建了覆盖企业全生命周期的基金生态和四大服务体系（金融、科技、人才、产业），为企业提供了全方位的支持和保障。依托龙头企业产业覆盖面优势，积极引进"链上企业"，并着力攻克产业发展的"短板环节"。目前，辖区内聚集了5万余家企业和近百万名从业者，拥有中联重科、水羊股份、威胜集团等一批行业龙头企业。这些龙头企业不仅自身发展强劲，还带动了整个产业链的协同发展。

失控，保障行政审批制度改革适应当前市场经济的发展需求。应结合园区实际，精简机构，打破部门壁垒，采用综合大窗口审批制度。可在行政审批局（政务服务中心）设立市场主体准入综合窗口、经济发展综合窗口、国土建设综合窗口、社会服务综合窗口、人力资源综合窗口5个大窗口，现场集中受理工商、民政、发改、工信、商务、科技、交通、食药监、国土、市政管理及规划、住建、人防、教育、宗教、体育、卫计、林业、文新广电、社会保障、公共就业等审批事项，共享信息资源，增加审批流程透明度，推动"一窗办结"建设，避免出现行政审批"头进尾不进"或主要环节"体外循环"等现象，确保园区行政审批事项"一口受理、一窗办结"，内部流转畅通无阻。